Junior NKIERE MAKOLONI

Curso de técnicas de informação e comunicação 7º EB

Junior NKIERE MAKOLONI

Curso de técnicas de informação e comunicação 7º EB

ScienciaScripts

Imprint
Any brand names and product names mentioned in this book are subject to trademark, brand or patent protection and are trademarks or registered trademarks of their respective holders. The use of brand names, product names, common names, trade names, product descriptions etc. even without a particular marking in this work is in no way to be construed to mean that such names may be regarded as unrestricted in respect of trademark and brand protection legislation and could thus be used by anyone.

Cover image: www.ingimage.com

This book is a translation from the original published under ISBN 978-620-6-72582-4.

Publisher:
Sciencia Scripts
is a trademark of
Dodo Books Indian Ocean Ltd. and OmniScriptum S.R.L publishing group

120 High Road, East Finchley, London, N2 9ED, United Kingdom
Str. Armeneasca 28/1, office 1, Chisinau MD-2012, Republic of Moldova, Europe
Managing Directors: Ieva Konstantinova, Victoria Ursu
info@omniscriptum.com

Printed at: see last page
ISBN: 978-620-8-51180-7

Conteúdo

PREFÁCIO

Desde há alguns anos, o mundo está a mudar devido a uma evolução rápida na utilização e aperfeiçoamento das novas tecnologias da informação e da comunicação, que são agora visíveis em quase todos os domínios da vida. Atualmente, as TI são utilizadas nas empresas como parte de um sistema de informação e de produção.

Segundo a definição do dicionário Larousse, a informática é a ciência do tratamento racional e automático da informação; a informática é considerada como um meio de conhecimento em vários domínios da ciência. Os computadores são atualmente utilizados para o controlo, a vigilância, a comunicação e muitas outras aplicações que nunca poderemos enumerar na sua totalidade, apenas para mostrar a amplitude do seu campo aplicação.

As TI não são um remédio milagroso para todos os males da empresa; no entanto, quando utilizadas racionalmente no âmbito de uma organização pré-estabelecida com os parceiros envolvidos, podem aparecer como uma ferramenta de desenvolvimento. ferramenta de desenvolvimento.

Para isso, é necessário formar os nossos alunos que desejam seguir uma carreira profissional na administração pública, escrevendo livros adequados que lhes permitam estudar bem e adquirir conhecimentos básicos de informática. É este o objetivo deste livro sobre informática destinado aos alunos do terceiro ano do curso de Humanidades, opção secretariado-administração.

Embora as NTIC sejam muito mais utilizadas nas empresas, as escolas e outras instituições de ensino estão a mostrar necessidade de utilizar esta ferramenta, em especial as escolas técnicas.

Gostaríamos de agradecer ao Ministério Provincial da Educação de Haut-Uélé e à Inspeção Provincial de Haut-Uélé 2 pelo seu envolvimento na implementação deste projeto, que beneficiará não só a Província de Haut-Uélé, mas todas as escolas do nosso país.

RESUMO

Este livro teórico e prático, de fácil compreensão para os alunos do sétimo ano do ensino básico, servirá também de compêndio para os professores que queiram aprender sobre informática, uma vez que está em conformidade com o currículo nacional do ensino primário, secundário e técnico da República Democrática do Congo. Neste livro, focámos conceitos : o domínio conceitos gerais da informática, a apresentação do computador, a descoberta dos periféricos, os fundamentos do Windows, os ficheiros de diretório, os motores de busca, os diferentes sítios da Internet, a utilização do correio eletrónico, os anexos e o manuseamento do MS Word.

Se seguir os ensinamentos deste livro até ao fim, estará bem encaminhado para o sexto ano de humanidades e já não terá problemas em seguir os conceitos abordados no quarto ano de humanidades.

Esperamos receber os vossos comentários, críticas e sugestões para melhorar este livro e encorajamos todas as escolas a adquirir um exemplar. Ao adquirir um exemplar, está a incentivar a investigação científica.

A nossa gratidão vai inteiramente para Jesus Cristo, que nos deu a vitória sobre o pecado.

OBJECTIVO

OBJECTIVO GERAL

O objetivo geral deste curso fornecer aos alunos do 7º ano do EB uma base teórica e prática sobre os fundamentos da informática.

OBJECTIVOS ESPECÍFICOS

No final deste curso, qualquer aluno que o siga com assiduidade será capaz de :

- Dominar os conceitos gerais de computação;
- Apresentação do computador ;
- Descobrir os periféricos do computador ;
- Demonstrar os fundamentos do Windows ;
- Distinguir entre ;
- Diferenciação entre navegadores de motores de busca ;
- Dominar diferentes sítios Web;
- Utilizar o correio eletrónico ;
- Exploração de anexos ;
- Manuseamento do MS Word.

CAPÍTULO I

CONCEITOS GERAIS DE COMPUTAÇÃO

I.1 INFORMAÇÕES GERAIS SOBRE COMPUTADORES

I.1.1.DEFINIÇÃO

A informática é a ciência do tratamento automático e racional da informação.

I.1.2.CONTEXTO

A palavra "informática" foi cunhada por Philippe Dreyfus, diretor do Centre national de calcul électronique (Centro Nacional de Cálculo Eletrónico) de Bull, em 1962. Trata-se, de facto, de um neologismo da língua francesa resultante da contração das duas palavras "automatique" e "information" para designar o tratamento automático da informação.

A informática desenvolveu-se ao longo dos séculos XIX e XX e está ligada ao aparecimento dos primeiros autómatos. Charles Babbage é considerado o avô dos computadores modernos, tendo inventado a máquina analítica em 1834. Tratava-se de uma máquina de calcular programável. Infelizmente, Babbage nunca chegou a ver a máquina em vida, pois a Coroa Britânica estava farta da longa investigação e retirou o seu apoio financeiro.

ENIAC, um dos primeiros computadores construídos.

A evolução das linguagens de programação

No que respeita às gerações de computadores, é possível estabelecer paralelos entre os tipos de software. Por exemplo, a primeira geração de computadores envolvia a codificação direta da máquina em binário; a segunda, a linguagem de montagem; a terceira, linguagens avançadas (Fortran, Cobol, Simula, APL, etc.); a quarta, linguagens avançadas de segunda geração, como Pascal e C++, conhecidas como linguagens "estruturadas", bem como linguagens "objeto" e de consulta de muito alto nível, como SQL. Um projeto japonês de quinta geração foi lançado pelo MITI no início da década de 1980 e deveria basear-se em motores de inferência e na linguagem Prolog, mas apesar de um financiamento substancial, o projeto nunca chegou a concretizar-se.

UMA PEQUENA CRONOLOGIA

- Primeira geração: dos relés às lâmpadas
- Segunda geração: transístores
- Terceira geração: circuitos integrados
- Quarta geração: microcomputadores
- Quinta geração: interface gráfica e redes

AS PRIMEIRAS UTILIZAÇÕES

Inicialmente, a informática tinha duas utilizações principais: a computação científica (para fins civis e militares, estimulada pela Guerra Fria) e o apoio à gestão empresarial, substituindo a mecanografia. Em inglês, existem dois domínios distintos: Computer Science e Information Systems.

O final dos anos 60 foi marcado por uma bolha especulativa nas de eletrónica, devido ao aparecimento de circuitos integrados de grande dimensão e, sobretudo, a novas formas de utilização dos computadores, nomeadamente a partilha de tempo em terminais remotos.

As novas máquinas automatizar cálculos anteriormente efectuados por grupos de calculadores humanos em empresas, universidades e organismos de investigação. O Departamento de Defesa dos Estados Unidos subvencionou importantes programas de investigação em programação, reconhecimento de padrões e inteligência artificial, codificação e criptografia e tradução automática de línguas, que permitiram o arranque de aplicações informáticas.

Em França, em menor escala, em meados da década de 1960, a diversificação das aplicações foi combinada com a atração dos computadores por diversos projectos científicos (da lógica à linguística). Mas será preciso esperar mais de dez anos para que as grandes instituições científicas aceitem oficialmente a ideia de que a informática é uma nova ciência.

A artista Vera Molnár tem vindo a utilizar computadores e arte algorítmica nas suas criações artísticas desde 1968.

A SUA INTRODUÇÃO NA SOCIEDADE

Com o aumento da potência e da fiabilidade dos computadores, todas as práticas sociais que envolvem investigação, conceção, fabrico,

marketing, publicação e comunicação foram invadidas e transformadas pela informática. A microinformática permitiu a distribuição alargada componentes
sistemas de informação baseados em microprocessadores em sistemas técnicos e a criação de microcomputadores. As redes
Este facto permitiu descentralizar as máquinas junto das estações de trabalho e introduzir as primeiras comunicações entre máquinas. Os fabricantes conceberam arquitecturas para as ligar, como a DSA (CII-Honeywell-Bull), a Decnet da DEC e a SNA da IBM.

I.1.3.A IMPORTÂNCIA DAS TECNOLOGIAS DA INFORMAÇÃO NA SOCIEDADE

Hoje em dia, os computadores estão em todo o lado - uma verdadeira epidemia! Seja nas lojas, nos bares, nas máquinas de venda automática, nas estações de serviço, nas escolas, nas bibliotecas, nos aeroportos ou no trabalho, nada funciona sem ele. "Informática e Internet em todos os andares", pode dizer-se, e se não houver, há sempre o cibercafé!

As famílias tiveram de se adaptar a esta nova realidade. Atualmente, tudo é feito através da Internet, deixando de haver cartas em papel. As pessoas já não dão o seu endereço postal, mas sim o seu endereço eletrónico.

É verdade que as ferramentas informáticas nos permitem apresentar o nosso trabalho escrito de uma forma excelente e que a Internet é um meio fantástico de comunicar com o resto do mundo, como o SKYPE, o e-mail, o Google, o Yahoo, mas também, poder digitalizar ou imprimir!

Graças à Internet, é possível, entre outras coisas, conversar com amigos em qualquer parte do mundo, encontrar informações sobre qualquer assunto, publicar um texto com efeitos multimédia, ouvir música, ver filmes, inscrever-se em cursos e até segui-los virtualmente, descarregar ou partilhar fotografias, conhecer pessoas de diferentes culturas, consultar as suas contas bancárias e efetuar pagamentos, controlar a utilização do telefone a qualquer hora do dia ou da noite, comprar e vender quase tudo, etc. Também o ajuda numa série de outros domínios da sua vida:

- Medicina: os médicos podem obter informações sobre novos medicamentos e tratamentos, controlo de saúde
- Aviação: os pilotos podem comunicar entre si à distância através das torres de controlo
- Jornalismo: os jornalistas podem publicar reportagens em sítios Web

- Hotéis: os clientes podem reservar os seus quartos de hotel.
- Ensino: professores e estudantes podem efetuar investigação documental.
- Os historiadores podem investigar o passado.
- A biblioteca: o bibliotecário pode listar, classificar e localizar livros.
- Arquitetura: o arquiteto pode elaborar projectos-modelo para a construção de edifícios.
- O banco: o banqueiro pode transferir dinheiro através de serviços de câmbio.

No entanto, é importante controlar o tempo que se passa a navegar na Internet, pois o excesso pode provocar problemas sociais (com amigos e familiares), dores de costas, problemas de visão e até obesidade. Por outro lado, não podemos esquecer que há coisas maravilhosas na vida um computador não pode proporcionar: contacto, perfume, vida social, etc.

1.2. CONCEITOS GERAIS DE COMPUTAÇÃO

1.2.1. O CONCEITO DE ALGORITMO

Em informática, um algoritmo é **a descrição de uma sequência de passos utilizados para obter um resultado a partir de elementos de entrada**.

O conceito de algoritmo é o mais antigo, pois desde 2500 anos antes da nossa era, os contabilistas já utilizavam algoritmos para efetuar as quatro operações, calcular empréstimos, heranças, etc. e os agrimensores para calcular a área dos terrenos agrícolas.

Este conceito de algoritmo não é exclusivo da informática, uma vez que também é utilizado na matemática, onde existem muitos algoritmos para resolver equações de forma exacta ou aproximada, derivar e integrar expressões funcionais, calcular a probabilidade de determinados eventos, etc. Se começarmos com a informática nos anos 30, este conceito é, portanto, anterior à informática. Se começarmos com a informática nos anos 30, este conceito é anterior à informática, mas se começarmos com a matemática no século V a.C., também é anterior à matemática. Um algoritmo é uma receita para resolver um determinado problema de forma sistemática.

Um exemplo paradigmático é a receita de tarte de maçã, que resolve um problema: fazer uma tarte de maçã. No entanto, neste exemplo, é importante distinguir entre a receita como texto e a receita como prática. Uma receita pode ser executada e mesmo transmitida de geração em , sem ser escrita ou mesmo verbalizada. É esta segunda noção que corresponde à noção de algoritmo. A partir do momento em que a receita é escrita ou verbalizada, deve ser comparada, não com a noção de algoritmo, mas com a de programa.

1.2.2. O CONCEITO DE MÁQUINA

Há 4.500 anos que concebemos algoritmos e os executamos "à mão", mas nas últimas temos vindo a utilizar ferramentas para o fazer. Esta utilização ferramentas parece natural, uma vez que um algoritmo é concebido para ser executado "sem pensar", e foi assim que, desde a Antiguidade, utilizámos ábacos - varas de calcular, ábacos, tabuleiros de xadrez, etc. - e máquinas mecânicas, antes de termos os conhecimentos técnicos para construir as ferramentas de que necessitávamos. - e máquinas mecânicas, antes de termos os conhecimentos técnicos para construir as ferramentas mais comuns de hoje: os computadores.

A DIVERSIDADE DAS MÁQUINAS

Uma máquina é uma ferramenta, ou seja, um sistema material que, por conseguinte, obedece às leis da física. As máquinas incluem computadores, dispositivos mais especializados, como câmaras ou telefones, e, de um modo mais geral, todos os sistemas físicos para os quais definimos um protocolo de interação que nos permite trocar dados. Assim, podemos imaginar uma máquina na qual deixamos cair uma bola no vácuo durante um período de tempo t e medimos a distância percorrida pela bola. Esta máquina efectua um cálculo especial: eleva o número t ao quadrado. O mesmo sistema físico, equipado com um protocolo diferente, efectua um outro cálculo: se medirmos o tempo que a bola demora a percorrer uma distância d, obtemos uma máquina que calcula a raiz quadrada do número d. Atualmente, muitas máquinas exploram as propriedades físicas dos semicondutores, mas não há razão para que seja sempre assim e a investigação informática está a explorar muitas alternativas, nomeadamente tentando explorar de forma mais sistemática as possibilidades da física quântica ou inspirando-se nos processos vivos.

A CAPACIDADE DE COMPUTAÇÃO E OS PRINCÍPIOS DA FÍSICA

O facto de as máquinas obedecerem às leis da física limita o seu poder: as máquinas poderiam calcular muito mais se a informação pudesse viajar instantaneamente ou se fosse possível armazenar uma quantidade infinita informação num volume finito.

De forma menos especulativa, a física da computação estabelece uma ligação entre a reversibilidade de uma computação, ou seja, a possibilidade de recuperar os valores de entrada algoritmo a partir do seu resultado, e a reversibilidade da evolução do sistema físico que efectua a computação: quando uma máquina efectua uma computação irreversível, o próprio processo físico é irreversível e, por conseguinte, dissipa calor. A relação entre a energia dissipada sob a forma de calor e a informação perdida pode mesmo ser quantificada: o apagamento de um bit de informação dissipa, sob a forma de calor, pelo menos uma energia k T ln(2), em que k é a constante de Boltzmann, e aumenta portanto a entropia em pelo menos k ln(2).

ESPAÇO E REDES

Como qualquer sistema físico, uma máquina pode ter uma maior ou menor extensão no espaço, e o computador de secretária foi progressivamente substituído por uma outra máquina, muito maior, constituída por milhares de milhões de computadores interligados em rede. Depois do computador, a rede é, portanto, uma segunda instância desta noção de máquina, o que confere a esta questão da extensão no espaço um lugar essencial. Podemos falar aqui de "geometria do cálculo" quando nos interrogamos sobre a forma de distribuir um cálculo por diferentes computadores situados nos quatro cantos do mundo, ou sobre a forma de transmitir uma mensagem de um ponto a outro.

COMPUTADORES

Falámos de duas máquinas, a primeira das quais calcula o quadrado de um número e a segunda calcula a sua raiz quadrada. Cada uma destas máquinas resolve apenas um problema: calcular o quadrado ou calcular a raiz quadrada. Algumas máquinas polivalentes, como as calculadoras de bolso, podem resolver vários problemas: calcular uma soma, uma diferença, um produto ou um quociente. No entanto, este tipo de máquina só pode resolver um número finito de problemas: mesmo um canivete suíço só tem um número finito de lâminas.

Daí a velha ideia de conceber máquinas que possam ser parametrizadas, como os órgãos de barril, onde se pode mudar a melodia, ou os teares, onde se pode mudar o padrão mudando os cartões perfurados.

Esta evolução conduziu a máquinas universais que podem executar qualquer algoritmo que opere sobre dados simbólicos, desde que estejam equipadas com os "cartões perfurados" certos e o programa correto: os computadores.

MÁQUINAS PARALELAS E ESPECIALIZADAS

A construção de máquinas universais não completou, no entanto, a a história da história Há ainda muitas melhorias que podem ser feitas.

Em particular, é possível agrupar várias máquinas, quer dispersas em vários locais e, por conseguinte, em rede, quer situadas a poucos metros umas das outras, numa grelha, ou localizadas no mesmo circuito integrado. Quando várias máquinas estão ligadas desta forma, podem ser síncronas, o que significa que os seus relógios batem ao mesmo ritmo, ou assíncronas, caso em que a execução de todas as máquinas é necessariamente não-determinística, sendo a aleatoriedade introduzida pelo desvio dos relógios, que é desconhecido.
Outras máquinas mais especializadas são utilizadas em muitos telefones, câmaras, aviões, etc. São os chamados "sistemas de bordo".

1.2.3. O CONCEITO DE LÍNGUA

Uma linguagem informática é uma linguagem utilizada para descrever o conjunto de acções consecutivas que um computador deve realizar. Uma linguagem informática é, portanto, uma forma prática de darmos instruções a um computador.
Em contrapartida, o termo "língua natural" representa as possibilidades de expressão partilhadas por um grupo indivíduos (exemplo, inglês ou francês).
As linguagens utilizadas pelos computadores para comunicarem entre si não têm nada a ver com as linguagens informáticas, que são designadas por protocolos de comunicação. Uma linguagem informática é rigorosa:
CADA instrução corresponde a UMA ação do processador.
A linguagem utilizada pelo processador é designada **por linguagem de máquina**. Estes são os dados tal como chegam ao processador, consistindo numa sequência de 0s e 1s (dados binários).
Isto significa que a linguagem de máquina não pode ser compreendida pelos seres humanos, razão pela qual foram desenvolvidas linguagens intermédias que podem ser compreendidas pelos seres humanos. O código escrito neste tipo de linguagem é transformado em linguagem de máquina para que possa ser utilizado pelo processador.
O Assembler foi a primeira linguagem informática utilizada. Está muito próxima da linguagem de máquina, mas continua a ser compreensível para os programadores. No entanto, esta linguagem está tão próxima da linguagem de máquina que muito do tipo de processador utilizado (cada tipo de processador pode ter a sua própria linguagem de máquina). Assim, um programa desenvolvido para uma máquina não pode ser *transferido* para outro tipo de máquina. O termo **"portabilidade**" refere-se à capacidade de um programa de computador ser utilizado em

máquinas de diferentes tipos. Para poder utilizar um programa de computador escrito em assembler noutro tipo de máquina, será por vezes necessário reescrever o programa na íntegra!

Uma linguagem informática tem várias vantagens:

- é mais fácil de compreender do que a linguagem de máquina;
- permite uma maior portabilidade, ou seja, uma adaptação mais fácil a diferentes tipos de máquinas;

LINGUAGENS IMPERATIVAS E FUNCIONAIS

Existem duas famílias principais de linguagens de programação, consoante a forma como as instruções são processadas:

- linguagens imperativas ;
- linguagens funcionais.

LINGUAGEM IMPERATIVA

Uma linguagem imperativa organiza o programa sob a forma de uma série de instruções, agrupadas em blocos e incluindo saltos condicionais que permitem regressar a um bloco de instruções se a condição for satisfeita. Historicamente, estas foram as primeiras linguagens, embora muitas linguagens modernas ainda utilizem este princípio de funcionamento.

No entanto, as linguagens imperativas estruturadas sofrem de uma falta de flexibilidade devido à natureza sequencial das instruções.

LINGUAGEM FUNCIONAL

Uma **linguagem funcional** (por vezes designada *por linguagem procedimental*) é uma linguagem em que o programa é construído através de funções, devolvendo um novo estado como saída e recebendo a saída de outras funções como entrada. Quando a função se chama a si própria, isto é conhecido como recursão.

INTERPRETAÇÃO E COMPILAÇÃO

As linguagens informáticas podem dividir-se, grosso modo, em duas categorias:

- **línguas interpretadas**
- **línguas compiladas**.

LINGUAGEM INTERPRETADA

Uma linguagem de computador é, por definição, diferente da linguagem de máquina. Por conseguinte, tem de ser traduzida para se tornar inteligível do ponto de vista do processador. Um programa escrito numa linguagem interpretada necessita de um programa auxiliar (o interpretador) para traduzir as instruções do programa à medida que são escritas.

LINGUAGEM DE COMPILAÇÃO

Um programa escrito numa linguagem dita "**compilada**" será traduzido de uma vez por todas por um programa adicional, chamado **compilador**, de modo a gerar um novo ficheiro que será autónomo, ou seja, que já não necessitará de outro programa que não ele próprio para funcionar; este ficheiro também se diz **executável**.

A vantagem de um programa escrito numa linguagem compilada é que, uma vez compilado, já não de um programa adicional para ser executado. Além disso, como a tradução é feita de uma vez por todas, a sua execução mais rápida.

No entanto, é menos flexível do que um programa escrito numa linguagem interpretada, porque cada vez que o ficheiro fonte (o ficheiro que será compilado) é modificado, o programa terá de ser recompilado para que as modificações tenham efeito.

Por outro lado, um programa compilado tem a vantagem de garantir a segurança do código fonte. De facto, uma linguagem interpretada, sendo diretamente inteligível (legível), permite a qualquer pessoa conhecer os segredos de fabrico de um programa e, por conseguinte, copiar o código ou mesmo modificá-lo. Existe, portanto, um risco de violação dos direitos de autor. Além disso, certas aplicações seguras exigem um código confidencial para evitar a pirataria (transacções bancárias, pagamentos em linha, comunicações seguras, etc.).

LÍNGUAS INTERMÉDIAS

Algumas linguagens pertencem a ambas as categorias (LISP, Java, Python, etc.) porque os programas escritos nestas linguagens podem, sob certas condições, passar por uma fase de compilação intermédia para produzir um ficheiro escrito numa linguagem que não é inteligível (e, portanto, diferente do ficheiro de origem) e não é executável (é necessário um intérprete). Os applets Java, pequenos programas que são por vezes inseridos em páginas Web, são ficheiros compilados mas que só podem ser executados a partir de um navegador Web (são ficheiros com a extensão .class).

ALGUNS EXEMPLOS DE LINGUAGENS MAIS UTILIZADAS

Segue-se uma lista não exaustiva das linguagens informáticas existentes:

Língua	Principal domínio de aplicação	Compilado/interpretado
ADA	Tempo real	Língua compilada
BÁSICO	Programação de base para fins educativos	Língua interpretada

C	Programação do sistema	Língua compilada
C++	Programação de sistemas de objectos	Língua compilada
Cobol	Gestão	Língua compilada
Fortran	Cálculo	Língua compilada
Java	Programação orientada para a Internet	Língua intermédia
MATLAB	Cálculo matemático	Língua interpretada
Mathematica	Cálculo matemático	Língua interpretada
LISP	Inteligência artificial	Língua intermédia
Pascal	Ensino	Língua compilada
PHP	Desenvolvimentode sítios Web	Língua interpretada
	dinâmica	
Prolog	Inteligência artificial	Língua interpretada
Perl	Tratamentode cames de caracteres	Língua interpretada

1.2.4. INFORMAÇÃO SOBRE O CONCEITO

Em informática e tecnologias da informação (TI), o conceito de informação refere-se a dados organizados, significativos e interpretáveis, processados e armazenados por sistemas informáticos.

No mundo das TI, os termos dados e informação são frequentemente utilizados como fossem sinónimos. Mas não são! De facto, os dois conceitos são muito diferentes. Enquanto os dados são uma coleção de factos e números em bruto, as informações são dados que foram processados e contextualizados para um utilizador. Neste artigo, descubra as diferenças, por vezes subtis, entre dados e informações e as respectivas definições.

Numa era digital em constante mudança, tudo são dados e tudo é informação... Compreender a diferença entre estes termos é muito mais do que uma subtileza semântica; é a chave para aproveitar todo o potencial das tecnologias modernas. Esta distinção abre caminho a uma tomada de decisões informada, a uma inovação com impacto e a uma navegação hábil num mundo saturado de fluxos de dados aparentemente caóticos.

CAPÍTULO II

APRESENTAÇÃO DO COMPUTADOR

11.1. DEFINIÇÃO

Um computador é um dispositivo eletrónico capaz de, através da aplicação de instruções pré-definidas (programa), efetuar o tratamento automático de dados e interagir com o ambiente através de periféricos (ecrã, teclado, etc.).

11.2. TIPO DE COMPUTADOR

Computadores portáteis e de secretária

- Os computadores portáteis e de secretária são de categorias

computadores que diferem principalmente na sua mobilidade.

- Os computadores portáteis são concebidos para ser facilmente

os computadores de secretária são concebidos para permanecerem numa secretária.

- Ambos os tipos de computador têm componentes semelhantes e podem executar as mesmas tarefas.

Microcomputadores mainframe (computadores de grande porte)

- Os mainframes são computadores potentes que centralizam os dados e o processamento de um sistema de informação.

- São fisicamente grandes, medindo vários metros de altura e largura .
- São capazes de armazenar enormes quantidades de informação, muitas vezes até 100 terabytes de capacidade de disco rígido.
- Os mainframes são geralmente utilizados em grandes empresas ou organizações que necessitam de gerir grandes quantidades de dados.

Intermédio (Mini computador, tamanho de um frigorífico)

- A categoria dos computadores intermédios, como os minicomputadores, desapareceu com a evolução da tecnologia.
- Estes computadores eram pequenos, comparáveis ao tamanho de um frigorífico, e eram utilizados para aplicações específicas.
- No entanto, com o aparecimento de computadores pessoais mais potentes, esta categoria de computador foi gradualmente abandonada.

Computadores pessoais (PCs)

- Os computadores pessoais, também conhecidos como microcomputadores ou PCs, são pequenos computadores concebidos para serem utilizados por pessoas comuns.
- Estão equipados uma unidade central de processamento constituída um ou mais microprocessadores.
- Os computadores pessoais são geralmente pré-programados com um conjunto de software e hardware necessários para satisfazer as necessidades quotidianas dos utilizadores, um programa de navegação na Internet.

Macintosh

- O Macintosh é uma marca de computador pessoal lançada em 1984.
- É conhecido pela sua interface de fácil utilização e pelo seu sistema operativo proprietário.
- Os computadores Macintosh continuam a ser utilizados atualmente e são populares entre os profissionais criativos e os utilizadores que

preferem o ecossistema Apple.

Servidor mainframe (computador de grande porte)

- Os servidores mainframe são computadores potentes utilizados para centralizar os dados e o processamento nas grandes empresas.
- São semelhantes aos mainframes, mas foram especificamente concebidos para funcionarem como servidores numa rede informática.
- Os servidores mainframe têm capacidade para gerir grandes quantidades de dados e prestar serviços a muitos utilizadores em simultâneo.

Servidor (galpões de servidores conectados)

- Os servidores são computadores utilizados para fornecer serviços e recursos aos utilizadores de uma rede.
- Podem ser agrupados em servidores, onde vários servidores são ligados para formar um sistema mais potente.
- Os servidores estão frequentemente localizados em centros de dados e são utilizados para alojar sítios Web, aplicações e outros serviços em linha.

PC / Telemóvel (smartphone/tablet)

- Os computadores pessoais e os dispositivos móveis, como os smartphones e os tablets, são categorias computadores utilizados por utilizadores individuais.
- Estão equipados com sistemas operativos como o Android e o iOS, que lhes permitem executar variedade de aplicações e serviços.
- Os computadores pessoais e os dispositivos móveis tornaram-se cada vez mais populares devido à sua facilidade de utilização e portabilidade.

11.3. GERAÇÃO DE COMPUTADORES

PRIMEIRA GERAÇÃO: (1945-1955)

"Tubos de vácuo e quadros eléctricos

Em meados dos anos 40, os "motores de cálculo" que utilizavam relés mecânicos (tempos de ciclo em segundos) foram substituídos circuitos electrónicos: os tubos de vácuo. O resultado foram máquinas gigantescas que podiam ser programadas accionando interruptores ou trocando ligações de cabos numa *(placa de ligações)* .

Nos primeiros tempos, não havia linguagem nem sistema operativo.

O primeiro computador digital totalmente eletrónico foi produzido em 1943, sob a direção de Thomas FLOWERS, no centro de criptoanálise de Bletckley Park, em Inglaterra. Esta máquina, o Colossus Mark 1, funcionava em binário e era programável. Foi utilizada para quebrar

cifras alemãs e japonesas. Tal como a bomba de Turing, a existência das máquinas Colossus permaneceu secreta até 1975.
Nos Estados Unidos, primeiro computador eletrónico, o "ENIAC", foi desenvolvido em segredo em 1943 por John Presper ECKERT e John William MAUCHLY na Universidade da Pensilvânia, com a ajuda do matemático Hermann GOLDSTINE. Foi inicialmente concebido para calcular tabelas de tiro de artilharia.

ENIAC

O ENIAC era uma máquina enorme, pesando 30 toneladas e composta por 18.000 tubos de vácuo.
Embora o tubo de vácuo fosse um tipo de tecnologia eletrónica (e não eletromecânica como o relé), o ENIAC não adoptou o princípio de cálculo binário da calculadora STIBITZ. Funcionava em decimal. Cada dígito era codificado através de uma série de 10 tubos de vácuo cujo nome "contador de anéis" mostrava claramente que se tratava de uma transposição eletrónica das rodas dentadas das primeiras máquinas aritméticas.
Os planos para o ENIAC foram concluídos em 1944 e a máquina foi inaugurada em 15 de fevereiro de 1946 com uma demonstração de um cálculo cujo programa foi escrito por Adèle Goldstine (na altura, as mulheres eram consideradas capazes de programar mais depressa e com mais precisão do que os homens - ver As mulheres do Eniac).
Esta máquina era programada manualmente através do posicionamento de interruptores ou da ligação de cabos em várias configurações. Quando a programação era complicada, podia demorar vários dias.

Em 1950, a primeira melhoria foi a utilização de cartões perfurados para escrever programas.

Em 1951, Grace HOPPER concebeu o primeiro compilador.

Em 1954, a linguagem Fortran foi a primeira linguagem de alto nível a ser implementada num computador.

SEGUNDA GERAÇÃO: (1955-1965)

"Transístores e sistemas descontínuos

^ Os computadores tornam-se suficientemente fiáveis para serem produzidos e vendidos Separação entre fabricantes, operadores e programadores.

As máquinas tinham de ser instaladas em locais com ar condicionado, programadas em FORTRAN ou em assembler através de cartões perfurados que os programadores entregavam aos operadores. Os operadores carregavam os programas no computador com o compilador, se necessário. Os resultados eram impressos e entregues aos programadores. ^ Estas operações eram demasiado morosas tendo em conta a dimensão do investimento.

Processamento por lotes :

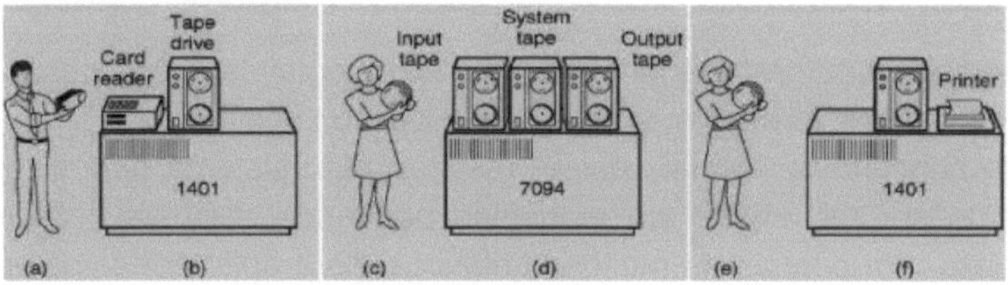

Imagens das notas de Andrew Tanenbaum

Uma máquina menos dispendiosa, como o IBM 1401, lia os cartões (a) e copiava o código para uma fita magnética (b). Um computador de grandes dimensões (IBM 7094) lia esta fita (c), executava os trabalhos

(d) e depois transcrevia os resultados para outra fita (e), adiando assim a impressão dos resultados (impressão off-line), que era então efectuada por um computador mais leve (f).

O conceito de sistema operativo está a emergir.

AS ETAPAS SUCESSIVAS DA REALIZAÇÃO DE UM PROGRAMA

- Carregar o compilador
- Ler o código fonte e compilá-lo
- Carregar o executável
- Iniciar a execução
- Leitura e tratamento de dados

No início dos anos 60, existiam dois tipos de computadores:

- Aqueles que, como o 7094, estavam orientados para tarefas de computação intensiva tarefas intensivas.

A unidade de dados é a palavra.

- Os que têm uma finalidade mais comercial, cuja unidade de dados é o carácter (IBM 1401) e que eram utilizados por grandes organizações, como bancos e companhias de seguros, para gerir fitas magnéticas e imprimir dados.

^ Isto resultou em duas linhas de produtos distintas.

TERCEIRA GERAÇÃO: (1965-1980)

" Circuitos integrados - Multiprogramação - Partilha de tempo

O sistema 360 da IBM, uma série de máquinas compatíveis com software (mesma arquitetura e mesmo conjunto de instruções), foi concebido para se adequar a aplicações científicas e comerciais.

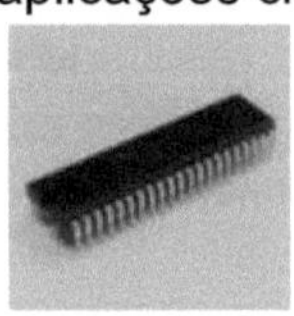

Estas máquinas foram as primeiras a utilizar circuitos integrados, o que permitiu reduzir os preços, e foram um sucesso imediato.

^ Este conceito de "família única" resultou num sistema operativo que tinha de ser tão eficaz em máquinas pequenas como em máquinas grandes, com poucos ou muitos periféricos, para aplicações comerciais ou científicas Sistema operativo enorme: Milhões de linhas de assembler escritas por milhares de programadores. O resultado são milhares de bugs!

Foi também nesta altura que surgiu o conceito de multiprogramação. A memória é partilhada entre diferentes trabalhos.

Quando um deles está à espera que uma E/S seja executada, outro trabalho pode ocupar a CPU. ^ A taxa de utilização é próxima de 100%.
Outra nova funcionalidade é o SPOOL: *Simultaneous Peripheral Operation On Line*.
É a capacidade dada às aplicações de partilharem simultaneamente o mesmo dispositivo lento (impressora, leitor de cartões, etc.). No caso de uma impressora, o de impressão armazena os documentos a imprimir e envia-os um após o outro para impressão.
Problema! ^ Impossibilidade de seguir o programa durante a sua execução para o afinar Partilha de tempo: vários utilizadores = todos têm um terminal em linha.
Na altura, imaginava-se que os computadores se tornariam máquinas gigantescas que forneceriam capacidade de cálculo a centenas de utilizadores: o MULTICS (*Multiplexed Information and Computing Service*)

O computador IBM 360, apresentado numa fotografia promocional de 1964
Foi também a época do aparecimento dos minicomputadores, como o DEC PDP-1 em 1961.
O PDP-1 tinha 4k palavras de 18 bits por 120.000 dólares (5% do preço de um IBM 7094). Seguiram-se-lhe outros até ao PDP-11.

Foi num PDP-7 que Ken Thompson começou a escrever uma versão para um único utilizador do **MULTICS**, que serviu de base para o sistema **UNIX**.

O código-fonte do UNIX foi publicado e desenvolvido em várias versões (incompatíveis)

O IEEE desenvolveu uma norma chamada **POSIX**, com a qual a maioria das versões actuais do UNIX (e outros sistemas) estão em conformidade.

Em 1987, Andrew TANENBAUM desenvolveu **o MINIX**, um pequeno clone do UNIX para fins educacionais. fins educacionais.

Linus Torvald lançou uma versão de produção: **LINUX**

NB. As notas deste capítulo devem muito ao excelente professor Andrew Tannebaum, cujo sítio Web pessoal pode ser consultado aqui.

QUARTA GERAÇÃO (1980 - . . .)

"Milhares, ... milhões de transístores num chip".

Os circuitos **LSI** - *circuitos de integração em grande escala* contendo milhares de transístores por mm$^{(2)}$ - foram desenvolvidos em meados dos anos 70 para os primeiros microprocessadores. Permitiram o fabrico dos chamados microcomputadores ou computadores pessoais. ^ Não eram muito diferentes do PDP-11, exceto no que diz respeito ao preço, uma pessoa pode ter a sua própria máquina: o PC = Personal Computer.

Atualmente, já não se fala de circuitos LSI. No final dos anos 70, substituídos pelos **VLSI** - *Very Large Scale Integration*: várias centenas de milhares de transístores.

Durante a década de 1980, a integração de circuitos integrados tornou-se ultra-grande escala **ULSI** - *Ultra Large Scale Integration*: milhões de transístores numa única pastilha.

Todos os anos, a gravação dos circuitos torna-se mais fina e a escala integração maior.

CAPÍTULO III

PERIFÉRICOS BÁSICOS DE COMPUTADOR

111.1. PROCESSADOR

O **processador**, ou **CPU** (*Central Processing* Unit), é o componente do computador que executa os programas de computador. Juntamente com a memória, é um dos componentes que existe desde os primeiros computadores e está presente em todos os computadores. Um processador construído num único circuito integrado é designado por microprocessador.

A invenção do transístor em 1948 abriu caminho para a miniaturização dos componentes electrónicos.

Os primeiros processadores eram concebidos especificamente para um determinado tipo de computador. Este método dispendioso de conceber processadores para uma aplicação específica levou ao desenvolvimento da produção em massa de processadores adequados para uma ou mais utilizações. Esta tendência para a normalização, que começou com os computadores mainframe (*mainframes* com transístores discretos e minicomputadores), acelerou rapidamente com o advento dos circuitos integrados. Os circuitos integrados permitiram a miniaturização dos processadores. A miniaturização e a normalização dos processadores conduziram à sua utilização generalizada na vida moderna, muito para além das utilizações das máquinas programáveis dedicadas.

COMPOSIÇÃO DE UM PROCESSADOR

As partes essenciais de um processador são :

- a **Unidade** *e* **Lógica** (UAL), que é responsável por *Unidade lógica* (*ALU*), que efectua cálculos aritméticos básicos e testes;
- a **unidade de controlo** ou **sequenciador**, que sincroniza os diferentes elementos do processador. Em especial, inicializa os registos quando a máquina máquina e define as interrupções;
- **registos**, que são pequenos pequena memória (alguns bytes), suficientemente rápido para que a UAL manipule o seu conteúdo em cada ciclo de relógio. A maioria dos processadores tem em comum um conjunto de registos:
  - **Contador ordinal**: este registo contém o endereço de memória da instrução em curso ;
  - **acumulador**: este registo é utilizado para armazenar dados atualmente em tratamento pela UAL ;
  - **endereços** : contém o endereço do informação seguinte a ser lida pelo UAL, quer seja a continuação da

instrução atual ou a instrução seguinte;

- **instruções**: contém a instrução atualmente em processamento;
- **registo de estado**: é utilizado para armazenar o contexto do processador, o que significa que os vários bits deste registo são sinalizadores (*flags*) utilizados para armazenar informações sobre o resultado da última instrução executada;
- **ponteiros de pilha**: este tipo de registo, cujo número varia consoante o tipo de processador, contém o endereço do topo da pilha (ou pilhas);
- **registos gerais**: estes registos estão disponíveis para cálculos ;

- o **relógio** que sincroniza todas as acções da CPU. Está presente nos processadores síncronos e ausente nos processadores assíncronos e nos processadores auto-síncronos;
- **a unidade de entrada-saída**, que assegura a comunicação com a memória do computador ou a transmissão de ordens para acionar os seus processadores especializados, permitindo ao processador aceder aos periféricos do computador.

Os processadores actuais também incorporam elementos mais complexos:

- várias UAL, permitindo o processamento simultâneo de várias instruções **A arquitetura superescalar**, em particular, permite que as ALU sejam dispostas em paralelo, podendo cada ALU executar uma instrução independentemente da outra;
- **A arquitetura Pipeline** permite que o processamento seja dividido no tempo. Esta técnica vem do mundo dos supercomputadores;
- uma **unidade de previsão de saltos**, que permite ao processador antecipar um salto no fluxo de um programa, evitando assim esperar pelo valor definitivo do endereço do salto. Isto permite que o pipeline seja preenchido de forma mais eficiente;
- **uma** *unidade de vírgula flutuante* (*FPU*), que acelera os cálculos em números reais codificados em formato de vírgula flutuante;
- **memória cache**, que acelera o processamento ao reduzir os tempos de acesso à memória. Estes buffers são muito mais rápidos do que a RAM e tornam a CPU menos lenta. A cache de instruções recebe as próximas instruções a serem executadas, enquanto a cache de dados trata dos dados. Por vezes, é utilizada uma única cache unificada para código e dados. Podem coexistir vários níveis de caches, frequentemente designados por L1, L2 ou L3. Em processadores avançados, unidades especiais do processador são dedicadas à

procurar, por meios estatísticos e/ou preditivos, os próximos acessos à memória central.

Um processador é definido por :

- a largura dos seus registos internos de manipulação de dados (8, 16, 32, 64, 128) bits;
- a sua frequência de relógio expressa em MHz (mega hertz) ou GHz (giga hertz);
- o número de núcleos de cálculo ;
- a sua *arquitetura de* conjunto de instruções (*ISA*), que depende da família (CISC, RISC, etc.);
- a sua finura de gravação expressa em nm (nanómetros) e a sua microarquitectura.

Mas a principal caraterística de um processador é a família a que pertence:

- CISC (Complex Instruction Set Computer: escolha de instruções tão próximas quanto possível de uma linguagem de alto nível) ;
- RISC (Reduced Instruction Set Computer: escolha de instruções mais simples e uma estrutura que permite uma execução muito rápida);
- VLIW (Palavra de Instrução Muito Longa) ;
- DSP (Digital Signal Processor). Embora esta última família (DSP) seja relativamente específica. Um processador é, de facto, um componente programável e, por conseguinte, é capaz, *a priori*, de executar qualquer tipo de programa. No entanto, por uma questão de otimização, são concebidos processadores especializados e adaptados a determinados tipos de cálculo (3D, som, etc.). Os DSP são processadores especializados para cálculos de processamento de sinais. Por exemplo, não é raro ver as transformadas de Fourier implementadas num DSP.

Um processador tem três tipos de barramento:

- um **barramento de dados**, define o tamanho dos dados que podem ser manipulados
(independentemente do tamanho dos registos internos) ;
- um **barramento de endereços**define o número de células de memória
acessível ;
- um **barramento de controlo** define a gestão do processador IRQ, RESET, etc.

111.2. MEMÓRIAS

Existem atualmente quatro tipos de memória informática, todos eles presentes num computador. Estes podem ser agrupados em duas categorias distintas: **a memória não volátil**, que inclui a **ROM** e **a memória flash**, e **a memória volátil**, que inclui a **RAM** e **a memória cache**. Vamos analisar mais detalhadamente estas formas de memória e o seu funcionamento.

A.ROM

A memória só de leitura (ou ROM = *Read Only Memory*) é uma memória de computador **não volátil** que pode ser comparada ao **disco rígido de** um **computador**. O seu conteúdo é fixo quando é programado e pode ser lido várias vezes pelo utilizador, mas já não pode ser modificado. Uma vez registada no computador, a informação permanece **armazenada** durante **vários anos**. Além disso, quando se trata de aceder ao seu conteúdo, é muito **mais lenta** do que a memória de acesso aleatório, que veremos a seguir. Geralmente armazena as informações necessárias para **inicializar** o dispositivo (sistema de arranque), ou seja, o sistema operativo como o Windows.

O tempo de acesso à memória só de leitura é da ordem dos **150 nanossegundos**, em comparação com um tempo de acesso de cerca de 10 nanossegundos para a memória de acesso aleatório. Para acelerar o processamento de dados, os dados armazenados em ROM são geralmente copiados para a RAM antes de serem processados. Esta operação é conhecida por **shadowing**.
Esta memória não volátil inclui **a memória magnética**. Pode ter uma **capacidade** de armazenamento muito **grande**. Tanto os discos rígidos internos como os externos funcionam com este tipo de memória. Os discos rígidos estão presentes em muitos aparelhos actuais, como **consolas de jogos** e **telefones**. Esta memória magnética funciona através de pequenas zonas magnetizáveis que se orientam magneticamente para o norte ou para o sul do **eletroíman**. É graças a estes ímanes que é possível criar discos rígidos e outros dispositivos

com densidades cada vez maiores e tamanhos cada vez mais pequenos.

B.RAM

A memória de acesso aleatório (**RAM**) é uma **memória volátil** cujo acesso muito **mais rápido** do que o da memória não volátil. Permite que o dispositivo funcione corretamente, **armazenando** as **informações necessárias**. De facto, existem várias localizações de dados nesta memória, que pode aceder a uma dessas localizações através de um endereço. A RAM é legível pelo computador e pode mesmo ser totalmente **reescrita**, mas a informação contida neste tipo de memória **desaparece** quando o computador é desligado.

Existem dois subtipos de memória volátil. Existe a **memória estática** (SRAM, *Static Random Access Memory*), que contém toda a informação que só desaparece quando o computador **é desligado**. Por exemplo, se estiver a escrever um texto no Microsoft Word e houver um corte de energia, quando voltar a ligar o computador, o texto que escreveu não poderá ser recuperado, a menos que tenha guardado no disco rígido. A vantagem desta memória estática é que não é necessário **actualizá-la**, uma vez que a informação permanece inalterada.

O outro subtipo é a *RAM* **dinâmica** (DRAM), que é **mais densa** do que a memória estática. Pode conter mais informação do que a memória estática num volume mais pequeno, mas a informação que contém perde-se após alguns **milissegundos**. De facto, o computador deve constantemente

reler esta informação e, uma vez lida, **modificá-la** para continue a ser fiável. Trata-se de uma operação muito trabalhosa, mas como a memória digital está organizada como uma tabela, o computador modifica-a linha a linha, muito **rapidamente**.

O hardware mais comum para este tipo de memória é a **banda RAM**. Trata-se de circuitos impressos muito utilizados nos computadores. Estas memórias são muito rápidas, mas de baixa capacidade.

C.MEMÓRIA FLASH

A memória flash é **um compromisso** entre **a RAM** e **a ROM**: é uma memória não volátil, como a memória só de leitura, mas também tem as caraterísticas da memória de acesso aleatório. **Pode ser acedida** muito **rapidamente** e **é regravável**. O seu conteúdo pode ser apagado muito facilmente. No entanto, os dados que contém não desaparecem quando o computador é desligado: é uma memória **não volátil**. A memória flash armazena bits de dados em células de memória que são mantidas quando a fonte de alimentação é .

A sua **elevada velocidade**, **longa duração** e **baixo consumo de energia** (que chega a ser nulo quando inativo) tornam-no muito útil para uma vasta gama de aplicações: câmaras digitais, telemóveis, impressoras, computadores portáteis ou dispositivos de reprodução e gravação de som, tais como leitores portáteis, memórias USB, etc.

D. A MEMÓRIA OCULTA

A memória cache é uma **memória volátil** incorporada **processador** de um computador (o elemento que calcula a informação armazenada na RAM). Só armazena dados durante um período de tempo muito curto. O objetivo é tornar muito rápidas as operações ligadas a esta memória. Permite ao processador aceder rapidamente aos dados e às instruções mais úteis. Evita que o processador tenha de estar sempre a ir **e voltar** à RAM.

No entanto, o seu custo é **elevado** e a capacidade de armazenamento continua a ser relativamente **baixa**. Só é utilizado num único componente para armazenar o resultado de um cálculo, por exemplo.

111.3. DISCS

Um disco rígido é um componente interno ou externo do computador que armazena dados, tais como o sistema operativo, as aplicações e os ficheiros do utilizador.

Os discos rígidos são dispositivos de armazenamento "não voláteis", o que significa que mantêm os dados armazenados mesmo quando o computador não está a funcionar.

FUNCIONAMENTO DO DISCO RÍGIDO

Um disco rígido tem dois componentes principais: um prato giratório e um braço mecânico.

- O **prato** é um disco magnético circular que contém pistas e sectores para armazenar dados.
- O **braço mecânico** desloca-se através do prato para ler e escrever os dados.

O prato roda (daí o nome) num eixo para acelerar o processo de leitura/escrita à medida que o braço mecânico se desloca sobre ele.

Os sectores de dados são distribuídos aleatoriamente (conhecidos como "fragmentados") pelo prato, e veremos a seguir como desfragmentar um disco rígido para melhorar o seu desempenho.

QUAL É O ASPECTO DE UM DISCO RÍGIDO?

O prato e o braço são mecanismos físicos delicados. Um invólucro sólido cobre-os para evitar danos durante a utilização normal. A proteção do disco rígido tem o aspeto de uma caixa metálica. É claramente identificada como uma unidade de disco rígido.

Este é o aspeto de um disco rígido interno sob a sua caixa metálica. Pode ver o prato giratório e o braço mecânico, e como trabalham em conjunto para ler e escrever dados a pedido.

Em vez de um disco rígido, os computadores mais recentes estão geralmente equipados com um SSD.

AS VANTAGENS E DESVANTAGENS DE UM DISCO RÍGIDO

BENEFÍCIOS	DESVANTAGENS
• Os discos rígidos podem armazenar uma grande quantidade de dados (o que varia consoante o tamanho do disco). • São relativamente baratos em comparação com outras soluções de armazenamento	• Os discos rígidos podem ser lentos a recuperar ficheiros grandes • Consomem mais energia • As peças móveis geram muito calor • São menos duráveis, especialmente em dispositivos portáteis

111.4. UNIDADES DE ENTRADA

A unidade de entrada de um computador refere-se **ao dispositivo de entrada e** à **parte do hardware do computador que é utilizada para transportar dados. O sistema de processamento de dados** envolve os dispositivos de informação do computador com os sinais de controlo e de dados do computador. Exemplo: rato, câmara e teclado.

111.5. UNIDADES DE SAÍDA

A unidade de saída: A unidade de saída do computador **é o periférico que gere a transmissão dos dados informáticos entre o dispositivo e os clientes**. O computador foi concebido para os seres humanos em formato áudio e vídeo. São exemplos os monitores, as impressoras, os microfones e os auscultadores.

CAPÍTULO IV

OS COMPONENTES BÁSICOS DE UM COMPUTADOR

111.6. CRAN

Um ecrã ou **monitor** é o dispositivo de saída habitual de um computador. É o **ecrã** no qual são apresentadas as informações introduzidas ou solicitadas pelo utilizador e geradas ou produzidas pelo computador, sob a forma de texto e imagens bidimensionais, eventualmente com efeito tridimensional. O texto e as imagens podem ser fixos ou animados.

Em alguns sistemas, o ecrã pode também ser utilizado como um dispositivo de entrada: o utilizador pode escolher uma ação tocando na parte correspondente do ecrã, se o sistema assim o permitir; é o chamado ecrã tátil.

Tecnologias

Existem várias tecnologias disponíveis:

- ecrãs de tubo de raios catódicos (ou CRT), que têm o ângulo de visão mais amplo e, até 2005, a melhor reprodução de cores, mas são pesados, volumosos e consomem muita energia ,
- ecrãs de cristais líquidos (ou LCD), que são leves e práticos, mas têm uma reprodução de cores mais fraca e, no caso de alguns modelos de entrada de gama, um nível de brilho residual que pode ser irritante para jogos ou animações muito rápidos (filmes, etc.).
- ecrãs de plasma, com uma reprodução muito boa, mas caros e com uma duração de vida mais limitada ,
- DLP (Digital Light Processing) com milhões de espelhos,
- Os ecrãs SED (Surface-conduction Electron-emitter Display), que ainda não estão no mercado, deveriam ter chegado no final de 2006/início de 2007 (adiados para uma data desconhecida); utilizam um mini tubo catódico para cada pixel; a reprodução é muito próxima dos ecrãs CRT, com uma espessura comparável e um preço semelhante ao dos ecrãs LCD.

IV.2.TECLADO

Um teclado de computador é um dispositivo de entrada utilizado para introduzir caracteres e para comunicar instruções ao computador.

O teclado tem geralmente cerca de uma centena de teclas que representam os diferentes caracteres do alfabeto, os números de 0 a 9 e os caracteres especiais (caracteres acentuados, pontuação, etc.).

o teclado tornou-se uma fantástica porta de entrada para as muitas funções do computador, nomeadamente a Internet!

Eis um resumo **dos principais tipos de teclado** e da **sua história**.

UM POUCO DE HISTÓRIA

Os primeiros **teclados de computador** foram desenvolvidos por volta de 1960, tendo como modelo os teclados **das máquinas de escrever**!

A disposição original **das teclas** foi concebida para **evitar que as hastes das máquinas de escrever da** época **se cruzassem e encravassem**.

As **letras** mais utilizadas na **língua inglesa** estão distribuídas de **forma a ficarem o mais afastadas possível**.

O teclado foi **sendo sucessivamente completado**, incluindo o **teclado**

numérico, as teclas de função e **as teclas multimédia**.

OS PRINCIPAIS TIPOS DE TECLADO

A disposição das teclas depende do **país** e da **língua utilizada**. As duas **disposições de teclas mais populares** são: o teclado **AZERTY**, utilizado em França e na Bélgica, e o teclado **QWERTY**, concebido para o inglês, uma língua que se escreve sem acentos.

O teclado **Azerty** :

O teclado **Qwerty** :

Nota: estes diferentes teclados têm o seu nome devido à disposição das **primeiras seis letras** da **primeira** fila de teclas alfabéticas.

COMO LIGAR UM TECLADO

Um **teclado** pode ser ligado por **cabo** ou por **Bluetooth**

PERFIS DE UTILIZADOR DO TECLADO

Os utilizadores de teclados podem ser divididos em 3 categorias:

- **dactilógrafos** experientes: que **dominam a arte de teclar** com as duas mãos, os dez dedos, sem olhar para as teclas, e tudo a uma velocidade desconcertante.
- os "**impostores**": **são as pessoas que escrevem rapidamente** (muitas vezes em voz alta) **mas com 2 ou 3 dedos**. Esta é a maioria nós.
- os "**ligeiramente perdidos**" que, discretamente, perguntam ao vizinho como se escreve "@" ou um €.

IV.3.MICE

O rato foi inventado em 1963, mas só se tornou o dispositivo apontador padrão na década de 1980.

Para que serve o rato?

O rato é um dispositivo de entrada. Mais precisamente, é um dispositivo

apontador.
O rato é uma extensão eletrónica do dedo do utilizador, que controla os movimentos do cursor através dos seus próprios movimentos, activados manualmente pelo utilizador. Estes movimentos são lidos pelo leitor ótico e convertidos em sinais que indicam ao computador o movimento do rato. No ecrã, o cursor move-se na mesma direção que o rato no tapete.
Dependendo da ação, o cursor muda de aspeto: como é que o utiliza?
As 4 principais manobras do rato

- o clique,
- fazer duplo clique,
- clicar e arrastar
- clicar com o botão direito do rato.

Ilustração animada : Passar o cursor sobre o rato...
O essencial
O rato é um dispositivo de entrada essencial para bom funcionamento computador.
O cursor é utilizado para selecionar ficheiros ou documentos, ou para mover o cursor de um ponto para outro no ecrã.

CAPÍTULO V

FUNDAMENTOS DO WINDOWS

V.1.ICONS

Os ícones são pictogramas que se encontram regularmente no Windows. Um ícone representa uma pasta, um software ou um ficheiro. ...

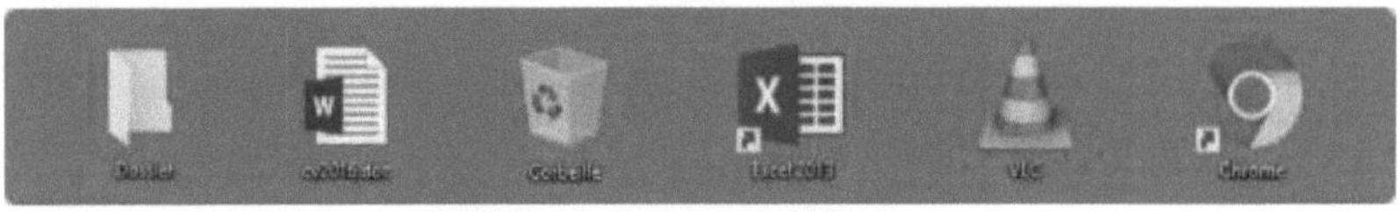

Vários ícones no Windows

É necessário fazer duplo clique para aceder ao seu conteúdo. Clicar duas vezes significa clicar duas vezes muito rapidamente (e sem mover o rato) com o botão esquerdo do rato. Os ícones podem ter qualquer forma e aprenderemos a reconhecê-los facilmente.
Existem 4 famílias principais de "ícones" que analisaremos em pormenor mais adiante.

Aqui está um ecrã do Windows cheio de ícones:

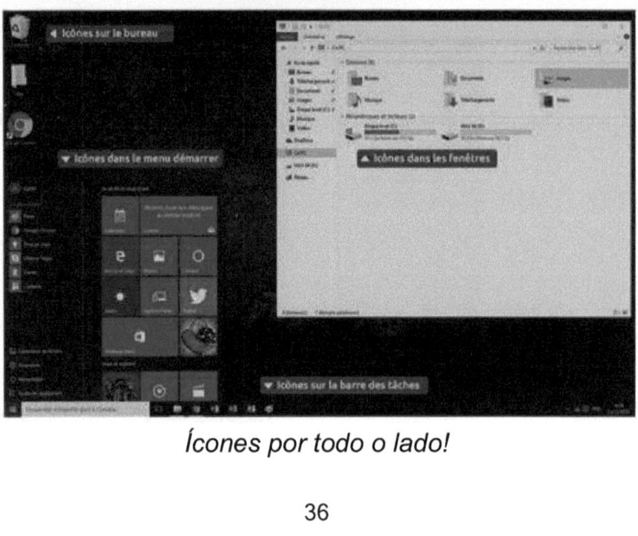

Ícones por todo o lado!

1. OS DIFERENTES TIPOS DE ÍCONES

Vamos agora dar uma vista de olhos às 4 famílias de 'ícones' que coexistem no Windows. Para a maioria deles, será fácil fazer uma analogia com o mundo real, de modo a compreendê-los melhor.

1.1 FICHEIROS

Definição

Um ficheiro é um registo de dados informáticos armazenados no seu computador. Pode representar música, um filme, um documento de texto, uma tabela, etc. Cada ficheiro é representado visualmente por um ícone.

O Windows apresenta automaticamente um ícone consoante o tipo de ficheiro que representa, ou seja, todas as músicas terão o mesmo pictograma, todos os documentos de texto outro pictograma e assim por diante. Assim, sabe imediatamente se o seu ficheiro é uma fotografia, uma música ou um documento.

Alguns tipos diferentes de ícones: documentos de texto, música, imagens...

O seu sistema também saberá qual o a utilizar para abrir este ficheiro. Se abrir uma música fazendo duplo clique sobre ela, será aberto o software de reprodução de música, como o **Windows Media Player**. Se abrir um documento de texto, este será aberto, por exemplo, com o Microsoft Office Word (software de processamento de texto).
Dependendo do software que será responsável pela leitura do seu ficheiro, o seu ícone pode variar. Por exemplo :

O ícone de um ficheiro pode variar consoante o software utilizado para o abrir

No caso da esquerda, o software de música escolhido apresenta um ficheiro que contém uma nota musical, na direita, o software predefinido apresenta um vinil no ícone.

Exceção: Para fotografias, vídeos e música (e, por vezes, outros ficheiros), o ícone ' padrão será substituído por uma pré-visualização da imagem em questão, capa de álbum ou imagem de filme, que é visualmente mais fácil de encontrar!

NB: Se nenhum software puder ler o tipo de ficheiro que está tentar abrir, o Windows avisa-o de que não pode abrir o ficheiro. Por conseguinte, terá de instalar o software adequado. A parte mais difícil é saber qual o software que pode abrir o tipo de ficheiro.

1.2 DOSSIERS

O objetivo das pastas, tal como no mundo real, é armazenar os nossos ficheiros.

Definição

Uma pasta tem exatamente a mesma função que no mundo real: armazenar ficheiros e outras informações. As pastas são geralmente representadas a amarelo no Windows, têm um nome e podem conter uma quantidade infinita de dados.

Pode criar tantas pastas quantas quiser. O armazenamento e a organização dos seus ficheiros é o tema de uma secção inteira deste curso, que deixarei para mais tarde.

O que pode ser armazenado numa pasta?

Poderá guardar tudo! Filmes, música, facturas, orçamentos, e-mails e até outros ficheiros! Ficheiros dentro de ficheiros? Sim! Na vida real, guardamos as nossas pastas em armários, que por sua vez estão em secretárias. No Windows, colocamos as pastas em cascata. Parece-lhe um pouco vago? Vai ver, é muito simples, basta olhar para o diagrama abaixo:

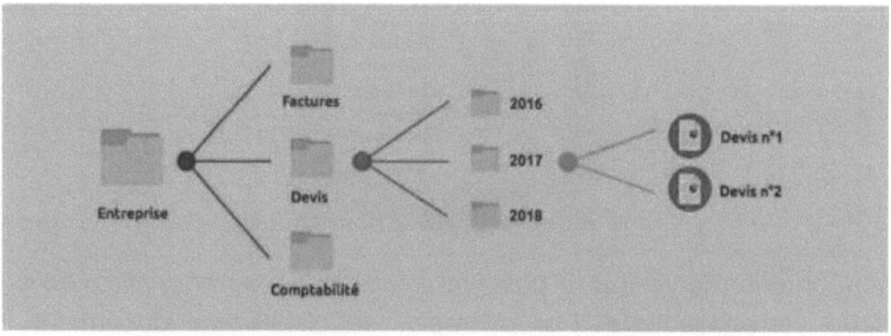

Uma árvore de pastas que contém outras pastas

Este é um exemplo de como organizar os documentos da empresa: basicamente, temos uma pasta da empresa. Dentro desta pasta, cada subpasta tem uma função específica: orçamentos, facturas, contas, projectos, etc. Dentro da pasta de orçamentos, cada subpasta representa um ano: 2016, 2017, 2018.

Isto é apenas um exemplo, mas é uma forma fácil de encontrar um ficheiro! Pode imaginar o mesmo conceito para organizar a sua música: primeiro por género, depois por artista e, finalmente, por álbum! Não se preocupe, aprenderemos tudo sobre isso em breve!

1.3 PROGRAMAS E SOFTWARE

1.3.1.1. SOFTWARE

Definição

O software é um programa que fornece ao computador um conjunto de funções adicionais que não estão necessariamente presentes à partida. O software é instalado no computador através de um disco (CD, DVD) ou descarregado da Internet. Alguns programas são gratuitos e outros têm de ser pagos.

Vimos anteriormente que é possível iniciar um programa clicando num ficheiro correspondente. Por exemplo, ao clicar num documento de texto, o Word é automaticamente iniciado e apresenta o conteúdo do ficheiro. Por conseguinte, só é útil lançar um programa quando se pretende criar um novo ficheiro.

1.4 O RACCOURCIS

Os programas são efetivamente instalados no Windows e não estão acessíveis ao utilizador. Um programa precisa de uma série de coisas complexas para funcionar e, por isso, é instalado num local específico que não é facilmente acessível ao público.
É aí que entram os atalhos!

1.5 RACCOURCI

Definição

Um atalho é um ícone que pode ser colocado em qualquer lugar para fornecer acesso rápido a um programa ou área do computador. É um atalho que é mais frequentemente utilizado para lançar um programa. A eliminação de um atalho não desinstala o programa a que conduz!
Os atalhos são fáceis de reconhecer: têm sempre uma pequena seta num quadrado no canto inferior esquerdo do ícone '!
NB: Um atalho leva-o rapidamente a um programa, mas não é o

programa em si. Por isso, se apagar um atalho, não está a desinstalar o programa que o acompanha, apenas o ícone do atalho!

Em resumo

Eis os 4 tipos de ícones que pode encontrar no Windows :

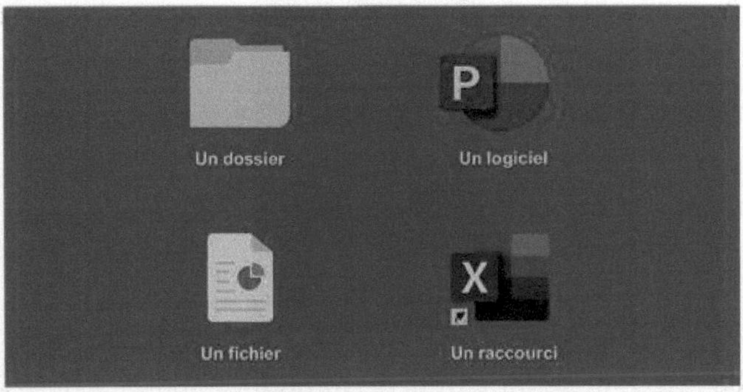

Os 4 tipos de ícones do Windows: Pastas, Software, Ficheiros e Atalhos

V.2.ESCRITÓRIO

1. O que é o ambiente de trabalho do Windows?

Ao ligar o computador, depois de **fazer o login**, coloca **os seus documentos** (cartas, facturas, livros, etc.) e **ferramentas** (tesouras, fita-cola, réguas, lápis, etc.) **que utiliza frequentemente numa secretária real** (de madeira ou metal).

E a sua **secretária** pode estar **arrumada** ou, por **vezes, muito desarrumada**, porque acumula **demasiadas coisas que não são utilizadas com frequência**.

Da mesma forma, o ambiente **de trabalho do Windows** é utilizado para **armazenar as coisas que utiliza frequentemente.** Neste caso, os elementos **a colocar** no ambiente **de trabalho** são **documentos** (ficheiros, imagens, pastas, etc.) **e ferramentas** (aplicações**).**

Os documentos e **as aplicações** são representados no **ambiente de trabalho do Windows** sob a forma de **ícones** colocados sobre uma **imagem de fundo**, também conhecida como **fundo do ecrã**.

Um **ícone** é um pequeno **pictograma** (imagem) que representa um **ficheiro**, **uma aplicação** ou **uma pasta**. De facto, o **ícone** é um **atalho** (ou seja, uma ligação) para o **recurso** (ficheiro, aplicação) **armazenado** no **disco rígido**.

Os ícones tornam **a interface gráfica** do Windows mais fácil de utilizar, uma vez que basta clicar (uma vez com o botão esquerdo do rato) no **ícone** para o abrir.

Alguns exemplos de **ícones** que representam o caixote **da reciclagem**, **pasta** e
os principais **tipos de ficheiros** :

Alguns exemplos de **ícones** que representam as **aplicações** mais populares:

Nota: a remoção de um ícone do ambiente de trabalho **não elimina** o **ficheiro** ou **a aplicação** armazenada no disco rígido!

NB: Organize os ícones no seu ambiente de trabalho de forma a poder vê-los mais claramente!

Coloque apenas os documentos e as aplicações que utiliza **frequentemente**

PERSONALIZAR UM AMBIENTE DE TRABALHO DO WINDOWS

O Windows permite-lhe personalizar o seu ambiente de trabalho. Vamos descobrir como!

ALTERAR O O TAMANHO DOS ÍCONES DO AMBIENTE DE TRABALHO

JANELAS

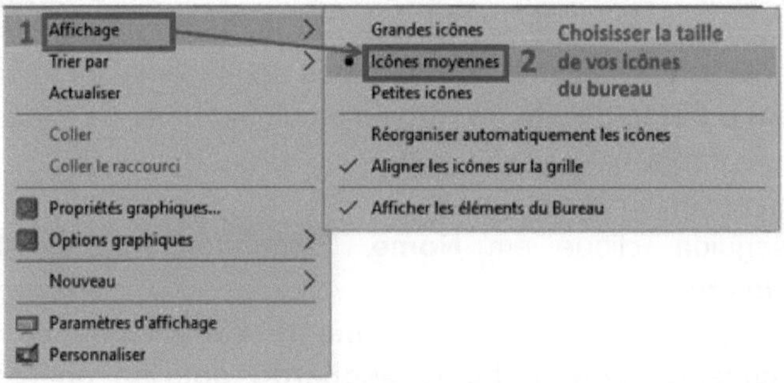

Para alterar o tamanho dos ícones do ambiente de trabalho, **clique com o botão direito do rato** em qualquer parte da imagem do ambiente de trabalho:

1. clicar na opção **Ver**
2. depois clique em **Ícones grandes, Ícones médios** ou **Ícones pequenos**

ORDENAR E ORGANIZAR OS ÍCONES DO AMBIENTE DE TRABALHO DO WINDOWS

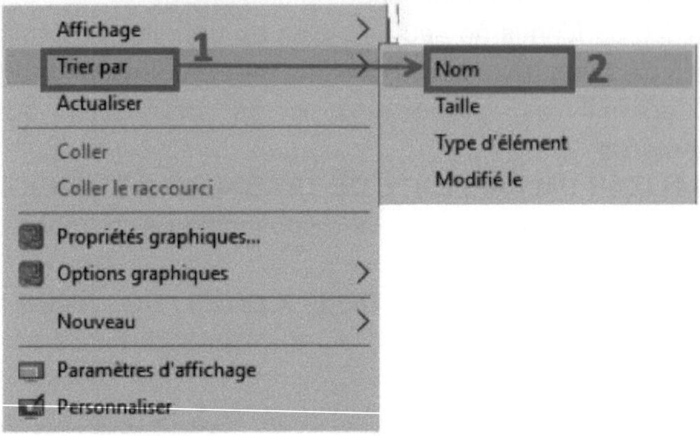

Para ordenar **automaticamente os ícones** do ambiente de trabalho, **clique com o botão direito do rato** em qualquer parte da imagem do ambiente de trabalho:

1. clicar na opção **Ordenar por**
2. Em seguida, clique em **Nome, Tamanho, Tipo de item** ou **Modificado em**

Também é possível **mover manualmente cada ícone** na área de trabalho **clicando com o botão esquerdo do rato** no **ícone que pretende mover** e **arrastando-o com o rato** para a localização pretendida.

ALTERAR A IMAGEM DE FUNDO DO AMBIENTE DE TRABALHO DO WINDOWS

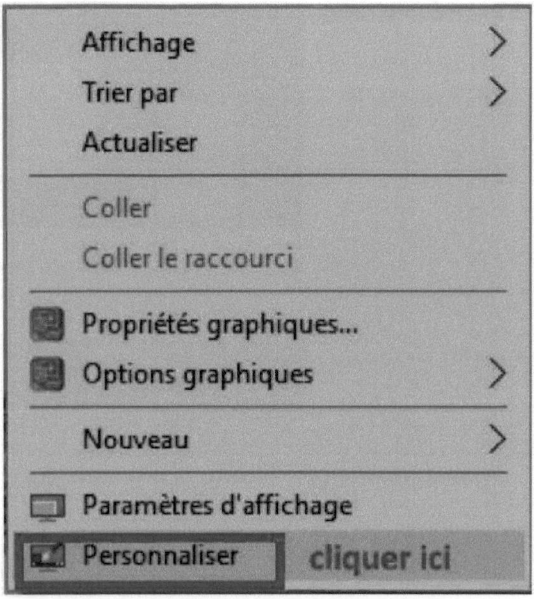

Para alterar **imagem de fundo do ambiente de trabalho**, **clique com o botão direito do rato** em qualquer parte da imagem atual do ambiente de trabalho:

1. Em seguida, clique na opção **Personalizar**

É apresentado o seguinte ecrã:

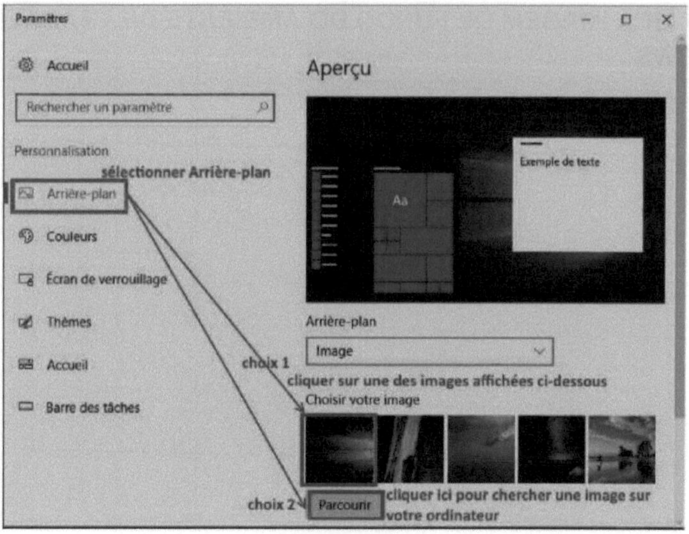

*Selecione a opção **Fundo** e, em seguida*

1. **escolha 1**: escolha a sua **imagem na lista de imagens em miniatura**
2. **escolha 2**: se não ficar satisfeito com estas imagens, navegue no seu computador para escolher uma das **imagens guardadas no seu disco rígido.**

V .3 JANELAS

Quando se clica num ícone, abre-se uma janela.

DEFINIÇÃO

Uma janela é uma área retangular que aparece no ecrã para mostrar o conteúdo de uma pasta ou de um programa de software. A janela pode ocupar todo o espaço (ecrã inteiro) ou apenas parte dele. Todas as interfaces gráficas de sistemas utilizam janelas. É possível apresentar e colocar em cascata várias janelas em simultâneo e arrastar itens de uma para outra.

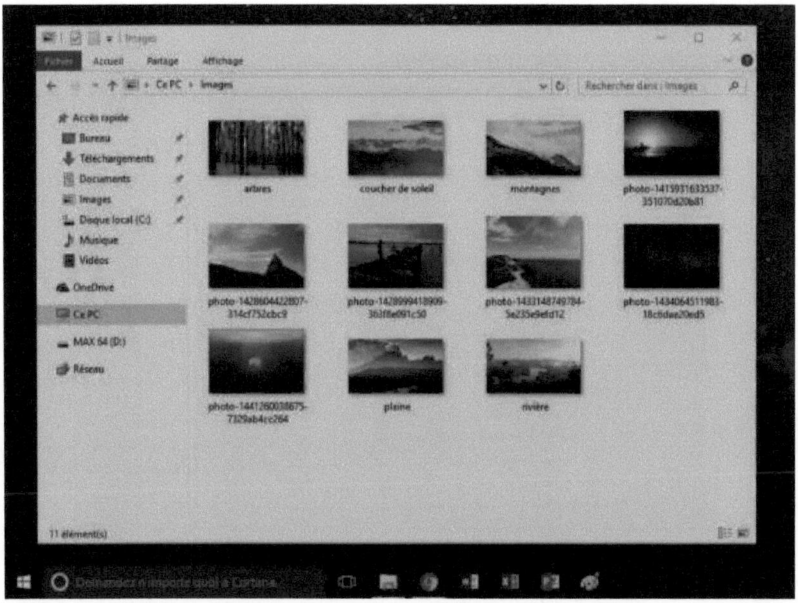

Abrir uma pasta apresentar o seu conteúdo numa janela

Uma janela abre-se quando se faz duplo clique numa pasta ou se abre um programa. É utilizada para apresentar e delimitar o seu conteúdo. O princípio é que podem ser apresentadas várias janelas ao mesmo tempo no ecrã.

Quando uma janela está aberta no Windows, o seu ícone aparece na barra de tarefas na parte inferior do ecrã. Pode mudar de uma janela aberta para outra clicando no ícone correspondente.

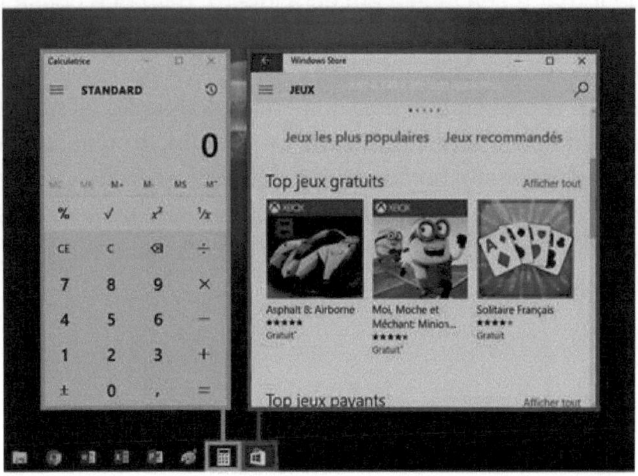

Janelas e respectivos indicadores

Vamos agora desmontar uma janela:

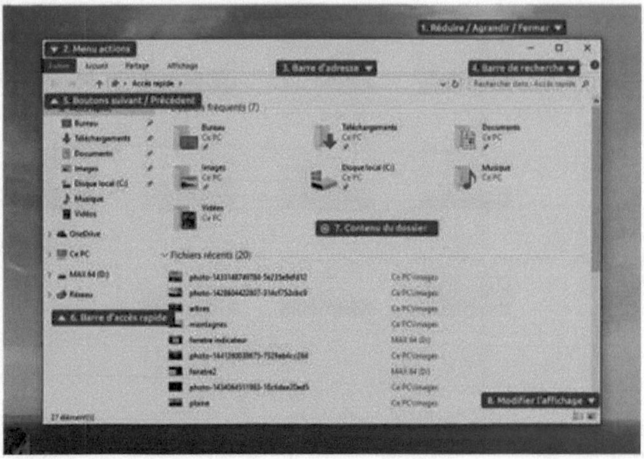

Uma janela e os seus vários elementos no Windows 7

BOTÕES DE REDUZIR, AUMENTAR E FECHAR

Estes 3 botões são muito importantes e estarão omnipresentes em todas as janelas e software do Windows.

Botão Minimizar: representado por uma linha horizontal, este botão remove a janela do ecrã, mas não a fecha. Está sempre presente na barra de tarefas, na parte inferior do ecrã, para que possa voltar a apresentá-la mais tarde sem ter de voltar atrás e encontrar a pasta correspondente.

Botão Ampliar/Restaurar: representado por um quadrado, este botão permite-lhe tornar a sua janela em ecrã inteiro, para que possa visualizar mais facilmente o conteúdo da pasta. Se voltar a clicar neste botão, a janela volta ao seu tamanho original.

Botão Fechar: representado por uma cruz, este botão fecha a janela ou o software. Vamos utilizá-lo com muita frequência. Quando está num programa e clica neste botão de fechar, pode ser-lhe perguntado se quer guardar o seu trabalho antes de sair, para não perder os dados não guardados.

MENU ACÇÃO

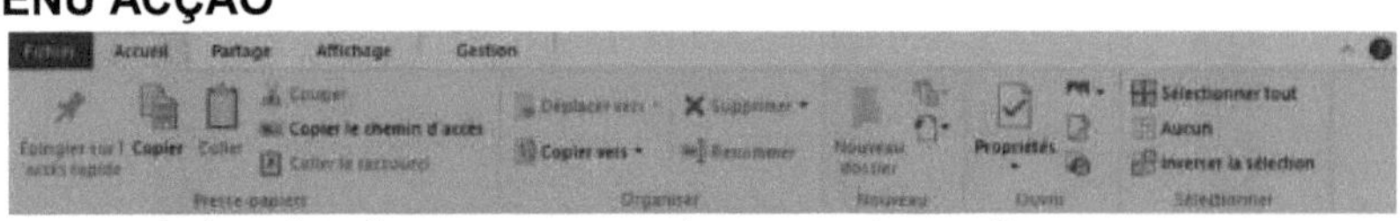

O menu da janela oferece uma vasta gama de acções

Este menu adapta-se automaticamente para lhe oferecer funções relacionadas com o conteúdo da sua pasta: se tiver imagens, o Windows vai sugerir-lhe que as imprima, se tiver música, vai sugerir-lhe que a ouça...
Por enquanto, não de aprofundar estes menus, mas se tiver curiosidade, dê uma vista de olhos!

A BARRA DE ENDEREÇO

A barra de endereço mostra ao utilizador em que pasta se encontra atualmente
atualmente

Quando dominarmos o Windows, esta barra será muito útil, pois indica-lhe onde se encontra no seu computador nesse momento (um pouco como um GPS). Permite-lhe ver rapidamente quais são as suas pastas principais.

INVESTIGAÇÃO

A barra de pesquisa para encontrar facilmente um ficheiro perdido numa pasta

Este prático campo de pesquisa permite-lhe encontrar rapidamente um ficheiro escrevendo parte do seu nome ou conteúdo. Os resultados serão então apresentados na zona 7.

BOTÕES SEGUINTE / ANTERIOR

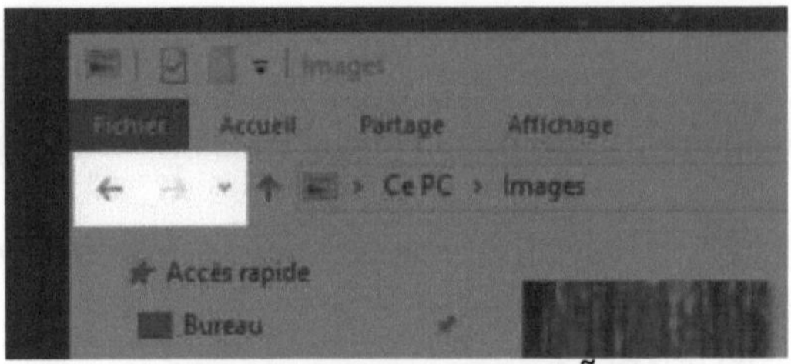

SETAS DE NAVEGAÇÃO

As duas primeiras setas permitem-lhe navegar entre pastas. Por outras palavras, se estiver numa pasta e quiser regressar à pasta anteriormente visitada, basta clicar na seta **Voltar**: a que aponta para a esquerda.

A BARRA DE ACESSO RÁPIDO

Localizado à esquerda da janela, este painel lista as várias localizações importantes do Windows: os seus documentos pessoais (imagens, vídeos, documentos, transferências), chaves USB, discos, a rede, etc. Este será tema de um capítulo posterior. **Trata-se de uma** área **importante** que nos permitirá navegar rapidamente pelos nossos dados pessoais.

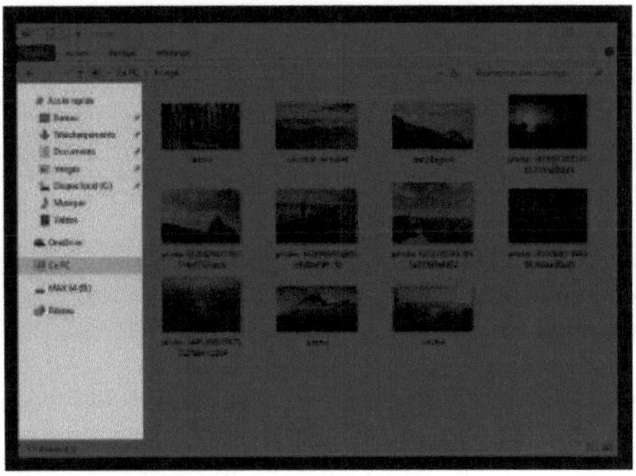

A barra de acesso rápido leva-o a todo o lado

O CONTEÚDO DO FICHEIRO

A maior área da janela apresenta o conteúdo da pasta que abriu: neste caso, existem várias subpastas (uma para música, outra para fotografias, outra para filmes, etc.).

Esta é a área mais importante da janela, uma vez que apresenta o que procura: ficheiros e pastas.

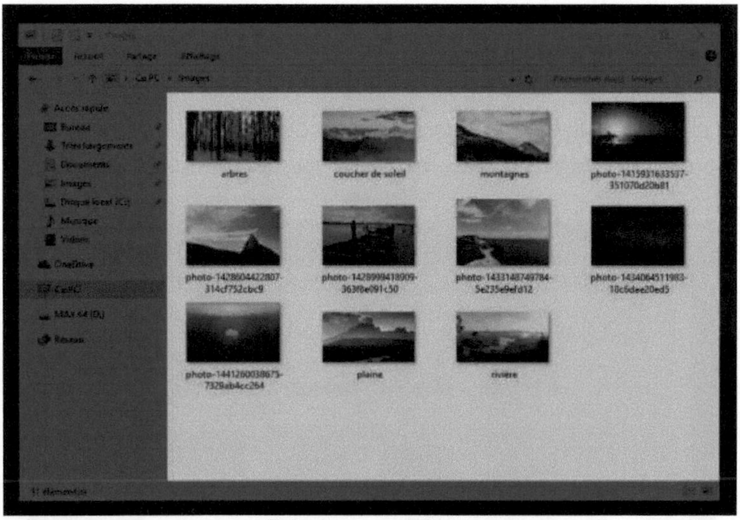

Esta área apresenta os ficheiros existentes na pasta. Neste caso, fotografias.

MODOS DE VISUALIZAÇÃO

Esta é uma ferramenta muito prática, pois permite-lhe apresentar a sua janela de diferentes formas: com grandes miniaturas, se for uma imagem, ou como uma tabela, se for um ficheiro.

ALTERAR A VISUALIZAÇÃO DE UMA JANELA

Para cada pasta, pode escolher a visualização que mais lhe : ícones grandes, pequenos, lista, detalhe...

Tente encontrar a visualização que mais lhe convém para cada pasta, consoante o tipo de ficheiro :

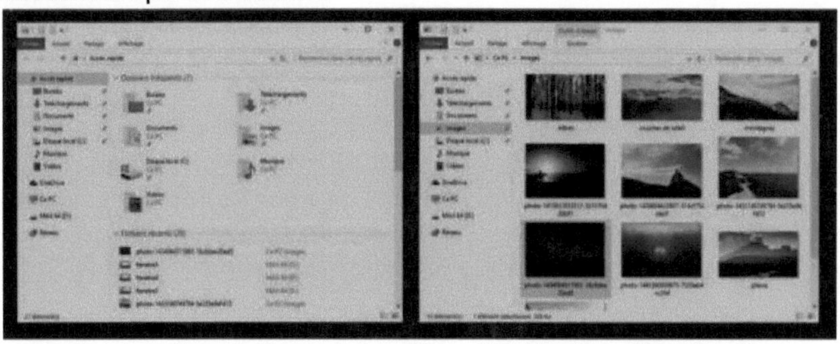

Esquerda: visualização por pasta e lista. Direita: visualização de miniaturas

REDIMENSIONAR E MOVER UMA JANELA

Uma janela pode ser redimensionada (se não estiver em ecrã inteiro) e até movida.

PARA DESLOCAR A JANELA

A forma mais fácil de o fazer é colocar o cursor na área superior da janela, como mostra a imagem abaixo, e depois clicar e manter premido o botão do rato. Mova o rato: a janela segue o cursor! Depois, solte o botão.

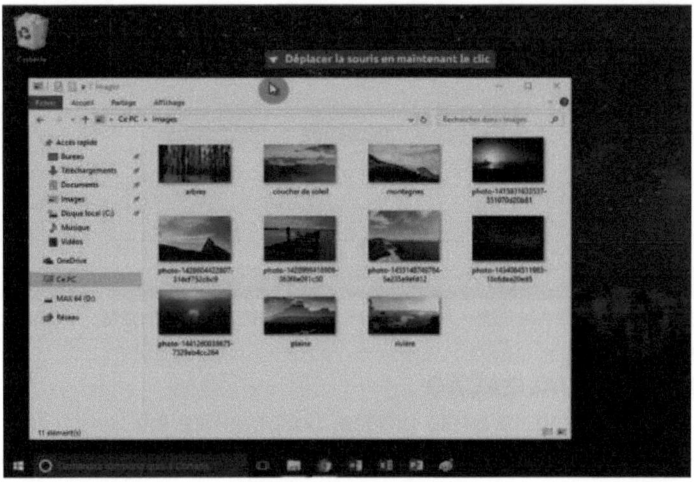

Mover uma janela

PARA REDIMENSIONAR A JANELA

Desta vez, tem de mover o cursor para a extremidade da janela ou para um canto. Quando estiver no sítio certo, o cursor muda de aspeto e transforma-se numa seta dupla. Tudo o que tem de fazer é clicar e manter premido, enquanto move o rato na direção desejada. Solte a pressão para aplicar!

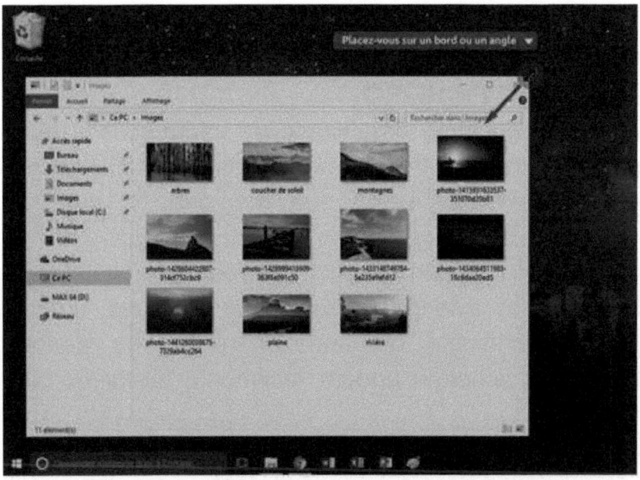

Redimensionar uma janela do Windows

REDUZIR TODAS AS JANELAS AO MESMO TEMPO

Se estiver sempre a abrir janelas, não consegue ver o ambiente de trabalho por trás delas. Para evitar fechar as janelas uma a uma para encontrar o ambiente de trabalho e ter de as reabrir mais tarde, existe um ícone, no canto inferior direito do ecrã no Windows 7 e 10.

Minimizar todas as janelas de uma só vez e apresentar o ambiente de trabalho

Ao clicar nela, todas as janelas serão minimizadas, mas não fechadas. É útil para ver as coisas com mais clareza!

DICA

Para se manter organizado, tente não sobrecarregar o seu computador abrindo demasiadas janelas. Mantenha abertas apenas as mais úteis. Isto ajudá-lo-á a ver as coisas com mais clareza e não tornará o seu computador mais lento.

É isso mesmo! Mais um curso concluído! Um pouco longo, mas as janelas são uma parte essencial da compreensão do Windows. Passemos aos ecrãs!

CAPÍTULO VI

FICHEIROS E DIRECTÓRIOS

VI .1.FORMATO DO FICHEIRO

Um ficheiro é um conjunto organizado de informações, designado por um nome específico, que o sistema operativo de um computador trata como uma entidade única, na sua memória ou num suporte de armazenamento.

O formato do ficheiro influencia a acessibilidade do conteúdo do ficheiro e o armazenamento a longo prazo desse conteúdo, uma vez que o software e a tecnologia de armazenamento de dados evoluem rapidamente e os ficheiros podem facilmente tornar-se obsoletos ou difícil acesso.

Por conseguinte, é essencial refletir sobre o formato inicial dos dados e os formatos utilizados para o armazenamento, uma vez que é possível converter ficheiros de um formato para outro, mas isso pode resultar perda de informação.

Existem duas famílias de formatos de ficheiros: formatos abertos e formatos fechados ou proprietários.

1. **Formato aberto (formato livre)**

É independente de qualquer software específico. Por conseguinte, é preferível para

a acesso ao público e para longevidade.

a sua capacidade de abrir e ler os seus ficheiros a longo prazo e tornará os seus dados imediatamente utilizáveis e acessíveis a mais investigadores.

2. **Formato fechado (formato proprietário)**

Ligado a software específico de um fornecedor, que deve ser utilizado para ler o ficheiro e modificá-lo. As especificações dos ficheiros não estão disponíveis gratuitamente, pelo que, quando o software deixa de ser suportado, os ficheiros neste formato são geralmente ilegíveis.

EXEMPLOS DE FORMATOS ABERTOS :

- Base de dados: XML, CSV
- Imagem: JPG, PNG, PDF, TIFF, BMP
- Som: MP3, FLAC
- Texto: TXT, CSV, PDF/A, ASCII, UTF-8
- Vídeo : MPG, MOV, AVI
- Folha de cálculo: CSV
- Imagiologia médica: DICOM

VI.2.TAMANHO DO FICHEIRO

Em informática, o tamanho do ficheiro é uma **medida da quantidade de dados contidos num ficheiro de computador ou, em alternativa, da quantidade de armazenamento que este consome**. Geralmente, o tamanho do ficheiro é expresso em unidades de medida baseadas no byte.

A **unidade de medida** em **informática** é o byte. Tem várias variantes, incluindo **Megabytes** e **Gigabytes**, que são as definições respectivas dos acrónimos **MB e GB**. Trata-se de capacidades de armazenamento informático utilizadas para medir o peso de um ficheiro digital ou de um periférico. Por outras palavras, quando se pretende avaliar o tamanho de um ficheiro, imagem, vídeo ou áudio num **dispositivo informático** (computador, smartphone, tablet, disco rígido externo, **pen USB, etc**.), é necessário perguntar pela sua capacidade de armazenamento em MB, GB ou outras unidades. Os ficheiros de vídeo são frequentemente armazenados em MB ou GB.

A MAIOR DIMENSÃO DOS FICHEIROS INFORMÁTICOS

O maior **tamanho de ficheiro de computador** é o yottabyte (Yo). Esta é uma unidade de medida que corresponde a mil biliões de terabytes. O **terabyte** (To) é ele próprioestimado em milhares de Gigabyte. O yottabyte é utilizado, nomeadamente, para software **de capacidade** muito **elevada**. Por ordem crescente de tamanho, a lista é o seguintes : Terabyte (TB), Petabyte (Po), **Exabyte** (Eo), Zettabyte (Zo) e Yottabyte. Várias grandes empresas já ultrapassaram os Exabytes para armazenamento interno. Dado o forte crescimento do sector, talvez **estejamos perante um Yottabyte em 2040**.

CLASSIFICAÇÃO DAS DIFERENTES UNIDADES DE MEDIDA EM RELAÇÃO AO BYTE

Existem dois (2) modelos para **codificar os diferentes tamanhos de ficheiros** digitais: o sistema binário clássico e o sistema decimal internacional. Por um lado, o **sistema internacional de unidades**, com o seu 1 km = 1.000 m, introduziu uma série que compreende o byte e os seus múltiplos, em base decimal. Isto deu origem a uma tabela de unidades de **medida de capacidade**, cujo fragmento é o seguinte

- **1 kilobyte** (kb) = 102 bytes = 1.000
- **1 megabyte** (MB) = 106 bytes = 1.000 KB

e assim por diante até :

- **1 zettabyte** (Zo) = 1 ^{021}bytes = 1.000 Eo
- **1 yottabyte** (Yo) = 1 ^{024}bytes = 1.000 Zo

Por outro lado, o sistema informático com a sua base binária e os múltiplos do byte à potência de 1.024 em vez da potência de 1.000 da base decimal:

- **1 kibyte** (kio) = 2^{10}bytes = 1.024 bytes
- **1 megabyte** (MiB) = 2^{20} bytes = 1 024 kio

e assim por diante até :

- **1 zebabyte** (Zio) = 2^{70}bytes = 1.024 Eio
- **1 yobiabyte** (Yio) = 2^{80}bytes = 1.024 Zio

VI.3.DIRECTÓRIO

Em informática, um **diretório** é uma lista de descrições de ficheiros. Do ponto de vista do sistema de ficheiros, é tratada como um ficheiro cujo conteúdo é a lista de ficheiros referenciados. Por conseguinte, uma diretoria tem os mesmos tipos de propriedades que um ficheiro, como o nome, o tamanho, a data, os direitos de acesso e vários outros atributos.

ARBORESCÊNCIA

Cada ficheiro ou diretório é referenciado por outro diretório, formando uma hierarquia coerente, também conhecida por árvore, cujo ponto de entrada é o diretório raiz. A raiz é única num sistema do tipo UNIX ou numa partição do Windows (por exemplo, *C:*).

DESIGNAÇÃO E DENOMINAÇÃO

As convenções de nomeação variam de um sistema operativo para outro. É utilizado um carácter específico para separar diretórios.

JANELAS

Por exemplo, nos sistemas Windows, este carácter é uma *barra invertida*:

c:\windows\system32\avifile.dll

O ficheiro *avifile.dll* está, portanto, localizado no diretório *system32*, que, por sua vez, está localizado no diretório *windows*, ele próprio localizado na raiz do sistema de ficheiros *C:*. Dizemos que *o windows* é o diretório pai do *system32.*

c:\windows\system32 diz-se que é um "caminho absoluto" porque é uma referência que não tem em conta a posição anterior. Em contraste, *system32* é um "caminho relativo": esta referência assume que o diretório atual é *c:\windows*.

VI.4.SUB-DIRECTÓRIO

Um subdiretório é um diretório localizado noutro diretório de um sistema de ficheiros de um computador, utilizado para organizar e gerir ficheiros, agrupando-os numa estrutura hierárquica semelhante a uma árvore. Permite que os dados sejam sistematicamente categorizados e organizados, tornando a pesquisa, recuperação e manutenção de ficheiros mais eficiente. As subdirectorias podem conter ficheiros, bem como subdirectorias adicionais, permitindo a criação de uma organização aninhada que reflecte o agrupamento lógico ou a função das informações contidas.

SUBDIRECTÓRIOS DO WINDOWS

Nos sistemas operativos Windows, as subdirectorias fazem parte da hierarquia do sistema de ficheiros que organiza e armazena ficheiros e pastas. Esta estrutura é representada visualmente no Explorador de Ficheiros, onde a unidade C: serve geralmente como a raiz dos sistemas de ficheiros na maioria dos computadores pessoais.

O Windows utiliza nomes de caminho para percorrer esta hierarquia, que pode ser absoluta (especificando o caminho completo a partir do diretório raiz) ou relativa (especificando o caminho a partir do diretório atual). Os nomes de caminho no Windows são caracterizados por barras invertidas "/" como separadores entre nomes de diretórios num caminho (ao contrário das barras "/" utilizadas em sistemas do tipo Unix).

Por por exemplo, o caminho caminho " C:\Usuários\JohnDoe\Documentos\Trabalho\Projecto1" aponta para o sub-diretório "Projecto1" no diretório "Trabalho", que é ele próprio um sub-diretório em "Documentos" para o utilizador "JohnDoe".

CAPÍTULO VII

VISÃO GERAL E UTILIZAÇÃO DA INTERNET

A Internet é uma rede informática constituída por um conjunto de computadores interligados por cabos, linhas telefónicas, infravermelhos, etc. e que comunicam utilizando a mesma linguagem de comunicação.

A interconexão de redes é o próximo passo lógico na evolução da tecnologia aplicada à computação.

Todos os computadores, independentemente da sua marca ou potência, são capazes de trocar informações livremente. Com o tempo, o número computadores interligados e a sua posição no globo evoluem, e a topologia das redes assemelha-se à malha de uma imensa rede, ou a uma imensa teia de aranha.

Uma máquina (computador ou dispositivo de ligação) ligada à rede é designada por nó de rede ou anfitrião. Uma máquina que oferece serviços: tempo de computação, documentos, base de dados, é um servidor. A máquina do utilizador que utiliza um serviço do anfitrião num determinado momento, ou seja, que é "servida", é designada por cliente.

A Internet é atualmente a maior rede do mundo. ser utilizada a partir de qualquer casa, graças à descida do preço dos computadores domésticos, ao aumento da sua potência e à facilidade de obtenção de software para a sua utilização. A Internet é gigantesca: não se conhece a sua dimensão exacta. Está a crescer exponencialmente. A Internet estende-se por todos os continentes. É claro que a densidade de nós e de servidores não é a mesma na Antárctida e na América.

Em todo o caso, abrange os países ricos. Além disso, a grande maioria dos serviços oferecidos na Internet é (ainda) gratuita. A ideia de "auto-estradas da informação" ou "auto-estradas da informação" surgiu do aspeto interativo da Internet. Os utilizadores podem falar uns com os outros, contribuir com as suas experiências e participar livremente. Quais são as condições para que a ideia das auto-estradas da informação passe de mito a realidade? Como desenvolver o telefone sem integrar o computador e o seu ecrã, e o mesmo se passa com a televisão?

DESENVOLVIMENTO DE REDES

As redes desenvolvem-se de baixo para cima. Por exemplo: os computadores de um laboratório são interligados, depois uma inter-rede entre laboratórios cria a rede local do campus universitário. Os departamentos são ligados e, em seguida, as regiões para criar uma rede nacional, que será depois ligada internacionalmente.

É assim que se forma a complexa malha da grande rede interplanetária.

Protocolos de comunicação

É necessária a mesma linguagem de comunicação para todos os computadores do mundo, chamada linguagem veicular. O TCP/IP é a linguagem comum falada por todas as estações de trabalho para comunicar entre si e com o equipamento de rede (por exemplo, os routers que interligam diferentes ligações físicas e garantem que os dados são transmitidos na direção certa). TCP/IP (Transmission Control Protocol/Internet Protocol)

Refere-se a um conjunto de protocolos de comunicação em que se baseiam muitas aplicações.

O protocolo básico, IP (Internet Protocol), descreve um endereço único e especifica os atributos dos pacotes de dados transferidos.

Em termos simples, os princípios básicos são os seguintes:

CADA ESTAÇÃO TEM UM ENDEREÇO

Para ser claramente identificado e poder trocar informações, é atribuído a cada computador ligado à Internet um endereço IP único. Isto aplica-se tanto a um servidor que tem uma ligação fixa à rede como a um terminal de consulta que obtém um endereço de cada vez que se liga, retirado aleatoriamente do "stock" de endereços do acesso (uma empresa que tem uma ligação fixa à rede, tem um endereço IP e obteve o direito de ser um endereços IP).

Um endereço IP ou número IP é único no mundo. Os endereços são atribuídos pelo NIC (Network Information Centre).

O endereço IP indica o número da rede, o número da sub-rede (se existir) e o número do anfitrião (a máquina). No entanto, esta numeração não pode ser utilizada para identificar o país ou o continente em que a estação está localizada.

Este endereço é composto por 4 bytes escritos em formato decimal, separados por pontos. Por exemplo, 129.145.16.2

INTRODUÇÃO À INTERNET

Um dos primeiros serviços da Internet, criado em 1983, o DNS (Domain Name System) é instalado em certas máquinas dedicadas. Este serviço actualiza uma tabela de correspondência entre o número IP de um nó da Internet e um nome único associado. Trata-se de uma espécie de diretório distribuído na Internet, que converte o nome em endereço IP.

Por exemplo: ftp.univ-rennes.fr é equivalente a 129.20.254.1. O DNS funciona numa estrutura em árvore, com base no princípio das zonas e subzonas.

No nome equivalente ao endereço IP, o nome da zona, o superior hierárquico, dá uma indicação do local a que o sítio pertence, por exemplo: fr para França.

Malha e encaminhamento dinâmico de dados.

Uma rede é um conjunto de nós e ligações.

As redes IP são constituídas por estações, ligações físicas (cabos, ligações dedicadas, etc.) e equipamentos de rede activos (routers). Um router faz a interligação entre várias ligações físicas e possui uma tabela de endereçamento (tabela de encaminhamento) que indica, para cada número IP de destino, o próximo router para onde deve enviar mensagens (dados).

As informações sobre as alterações em todas as redes são actualizadas em tempo real pelos encaminhadores, que comunicam entre si através de protocolos de encaminhamento. Se uma determinada ligação for cortada ou destruída entre dois utilizadores, os encaminhadores adaptam-se e é escolhida outra rota, em tempo real.

A vantagem desta técnica é que, se uma rota estiver congestionada ou for interrompida, as mensagens seguem outros caminhos. Não importa se esses caminhos são mais longos, porque à velocidade dos sinais eléctricos ou da luz, o tempo real de trânsito da informação é curto.

Os dados são transmitidos em pacotes, designados por datagramas.

Para além dos dados (alguns milhares de caracteres), cada datagrama contém o endereço da estação emissora e o endereço da estação recetora. Os pacotes também indicam o seu tamanho, a parte do documento original que transportam e um meio de verificar a sua integridade. Os pacotes circulam na rede, através de ligações e encaminhadores, independentemente uns dos outros, mesmo que pertençam ao mesmo documento original.

CAPÍTULO VIII

SÍTIOS WEB E CATEGORIAS

VIII.1.SÍTIOS INTERNET

DEFINIÇÃO

Um sítio Web é um conjunto de páginas Web alojadas num servidor e ligadas entre si por ligações de hipertexto. Os sítios Web são acessíveis aos utilizadores da Internet através de um navegador Web. São geralmente constituídos por conteúdos estáticos (texto, imagens, vídeos, etc.) e/ou dinâmicos (formulários, bases de dados, etc.). Os sítios Web podem ser criados e geridos por particulares ou empresas.

Os sítios Web podem ser divididos em 3 categorias principais: sítios Web estáticos, sítios Web dinâmicos e sítios Web baseados em aplicações. Os sítios Web estáticos contêm apenas páginas HTML e imagens estáticas. Os sítios dinâmicos são gerados a partir de bases de dados e são mais interactivos. Os sítios Web baseados em aplicações são sítios Web que executam aplicações Web e serviços especiais, como fóruns, blogues, etc.

Os sítios Web podem ser criados utilizando diferentes tecnologias Web, como HTML, CSS, JavaScript, PHP, ASP, etc. Estas tecnologias podem ser combinadas para criar sítios Web complexos e interactivos. Os sítios Web também podem ser desenvolvidos utilizando CMS (Content Management Systems), que são sistemas de gestão de conteúdos fáceis de utilizar que permitem aos utilizadores atualizar e gerir o seu sítio Web sem quaisquer conhecimentos específicos de codificação.

Os sítios Web podem ser alojados em servidores remotos ou em servidores locais. Os sítios alojados em servidores remotos são geralmente mais caros e mais difíceis de administrar, mas oferecem velocidades de carregamento mais rápidas e maior segurança. Os sítios alojados em servidores locais são mais baratos e mais fáceis de gerir, mas oferecem velocidades de carregamento mais lentas e menos segurança.

O OBJECTIVO DE UM SÍTIO WEB

Um sítio Web é utilizado para partilhar informações com o mundo. Pode ser utilizado para promover produtos e serviços, fornecer informações sobre uma empresa ou organização, criar comunidades e oferecer entretenimento. Os sítios Web também podem ser utilizados para vender produtos e serviços, recolher dados, angariar fundos e muito mais.

Qualquer empresa, organismo público, organização, associação ou indivíduo pode criar um sítio Web, com diferentes graus de especialização e conhecimentos técnicos. Atualmente, a Internet é composta por milhares de milhões de sítios Web criados por milhares de pessoas diferentes. Até pode criar um sítio Web ou um blogue na Internet. Consulte a secção abaixo sobre os tipos de sítios Web para obter uma lista dos tipos de categorias de sítios Web.

VIII.2.CATEGORIAS DE SÍTIOS WEB

1. SITE VITRINE

Apresenta a empresa ou a marca e as suas actividades. O formulário é livre e este tipo de sítio tem geralmente um layout original.

2. SITE DO CATÁLOGO

Apresenta em pormenor a empresa ou marca, as suas actividades e todos os seus produtos.

3. SÍTIO DE INFORMAÇÃO

Reúne dados sobre um tema comum.

4. SÍTIO WEB DE COMÉRCIO ELECTRÓNICO

Loja virtual dinâmica com gestão de conteúdos e integração de pagamentos seguros.

5. SÍTIO WEB INSTITUCIONAL

Descreve uma organização, as suas actividades e os seus valores. O sítio da empresa fornece todas as informações práticas necessárias aos seus clientes ou beneficiários. Pode também ser utilizado para pôr em contacto os agentes económicos, como as colectividades locais e as associações.

6. A INTRANET

Acessível apenas ao pessoal da mesma empresa ou departamento, a intranet disponibiliza e partilha informações profissionais.

7. MINI-SITE - CONCURSOS - EVENTOS

Um mini-site está ligado a um site de empresa ou a uma marca e pode ser utilizado para criar uma dinâmica e promover um determinado evento.

CAPÍTULO IX

NAVEGADORES WEB E MOTORES DE BUSCA

IX.1.NAVEGADORES DE INTERNET

Os navegadores Web são programas de software **para navegar na Internet e apresentar páginas Web**. Para os utilizar, **o seu hardware tem de estar ligado à Internet**. Existem muitos navegadores gratuitos, mas **alguns protegem melhor os seus dados pessoais**. Recomendamos que instale vários navegadores no seu dispositivo, uma vez que alguns sítios funcionam melhor num ou noutro. Por fim, para tirar o máximo partido deles, deve **actualizá-los regularmente**.

OS 6 PRINCIPAIS NAVEGADORES WEB

Chrome: desenvolvido pela Google

Desenvolvido pela **Google** em 2008, funciona na maioria dos sistemas operativos: Windows, macOS, Linux, Android e iOS/iPadOS.

Os utilizadores geralmente apreciam a sua rapidez de utilização e as muitas funcionalidades, aplicações e extensões disponíveis.

Safari: apenas Apple

Distribuído pela **Apple** e disponível apenas para produtos Apple (macOS, iOS, iPadOS).

O Safari afirma ser extremamente rápido e personalizável. A Apple fornece o Safari em todos os seus dispositivos. Normalmente, não é necessário descarregá-lo.

Mozilla Firefox: proteção de dados pessoais

Desenvolvido pela Fundação Mozilla e pelos seus muitos voluntários. Está disponível na maioria dos sistemas operativos. Tem também uma vasta gama de **funcionalidades** e **extensões**, e uma reputação de

proteção de dados pessoais.

Edge: publicado pela Microsoft

Navegador Web da **Microsoft,** pré-instalado em dispositivos Windows. Está disponível desde 2015 e substitui o Internet Explorer, que já não é atualizado e, por conseguinte, não é seguro. O Microsoft Edge também funciona em macOS, Android e iOS.

Tem também **ferramentas incorporadas** para o ajudar nas suas compras em linha.

Opera: integra uma VPN

Criado em 1995, o Opera é um navegador norueguês que funciona em Windows, Linux, macOS, iOS e Android. Foi um dos primeiros a introduzir **separadores** para facilitar a navegação. A sua vantagem é que tem uma **VPN integrada** para uma navegação segura.

Brave: sem anúncios e amigo da privacidade

O Brave é **um software gratuito e de código aberto que** se centra na **proteção da privacidade** através do bloqueio de rastreadores e anúncios por predefinição. Funciona em Windows, Linux, macOS, iOS e Android.

NB:

- *Para instalar um navegador Web,* ***descarregue-o e, em seguida, faça duplo clique no*** *ficheiro de instalação no seu dispositivo para o iniciar. Em seguida,* ***siga as instruções****.*
- *A barra de endereço é muitas vezes confundida com a caixa de pesquisa. Aqui pode introduzir o endereço de um sítio ou de uma página Web para aceder diretamente à mesma. Também pode introduzir palavras-chave para iniciar uma pesquisa. Neste caso, será apresentada uma página de resultados, a partir do motor de busca selecionado por defeito no seu navegador.*

IX.2.MOTORES DE PESQUISA

Um **motor de pesquisa** é uma aplicação que permite aos utilizadores efetuar uma **pesquisa local** ou **em linha**, ou seja, encontrar recursos

com base numa consulta composta por termos. Os recursos podem incluir páginas Web, artigos de fóruns da Usenet, imagens, vídeos, ficheiros, livros, sítios educativos, aplicações e software de fonte aberta.
Em princípio, funcionam geralmente da seguinte forma:

- com indexação do conteúdo do sítio Web numa ou mais bases de dados do operador do motor de pesquisa, sendo a indexação efectuada antes da pesquisa.
- Dependendo dos seus parâmetros (por exemplo, os diferentes algoritmos de pesquisa do Google), o motor de pesquisa devolve uma lista de páginas correspondentes às palavras pesquisadas.

Alguns sítios Web oferecem um motor de pesquisa como caraterística principal; o próprio sítio é designado por "motor de pesquisa". Trata-se de na Web sem intervenção humana, o que os distingue dos diretórios. Baseiam-se "robots", também designados por "*bots*", "*spiders*", "*crawlers*" ou "agents", que percorrem automaticamente os sítios a intervalos regulares para descobrir novos endereços (URL). Seguem as ligações de hipertexto que ligam as páginas entre si, uma após outra. Cada página identificada é depois indexada numa base de dados, pode ser acedida pelos utilizadores da Internet através de palavras-chave.
Os sítios Web que oferecem diretórios de sítios Web são também designados por "motores de pesquisa": neste caso, são ferramentas de pesquisa desenvolvidas por pessoas que listam e classificam sítios Web considerados dignos de interesse, e não por robôs de indexação.
Os motores de pesquisa não se aplicam apenas à Internet: alguns motores são software instalado num computador pessoal. São os chamados motores de pesquisa "de secretária" que combinam a pesquisa entre ficheiros armazenados no PC e a pesquisa entre sítios Web - exemplos: Copernic Desktop Search, Windex Server, etc.
Existem também os metamotores de pesquisa, ou seja, sítios Web em que a mesma pesquisa é lançada simultaneamente em vários motores de pesquisa, sendo os resultados depois fundidos para serem apresentados ao utilizador da Internet.

ALGUNS DOS PRINCIPAIS MOTORES DE PESQUISA

Poderíamos ter falado dos "melhores motores de pesquisa", mas no **mercado dos motores** de pesquisa**, qualidade não é sinónimo de sucesso.**
Quais são os 5 motores de pesquisa mais populares?
Em 2024, o Google, o Bing, o Yahoo, o Baidu e o Yandex são os motores de pesquisa mais utilizados em todo o mundo.

Em 2024, o mercado será dominado pelos gigantes da tecnologia, como a Google, a Microsoft e a Yahoo, e por motores de pesquisa nacionais onde a Google é proibida, nomeadamente na China e na Rússia. Nesta primeira parte, encontrará os principais motores de pesquisa em termos de quota de mercado.

Aviso: os números variam imenso de um estudo para outro. Para dar um exemplo, para o Google encontrámos uma quota de mercado que varia entre 86% e 94% a nível mundial... Por isso, optámos por selecionar os resultados dos estudos mais recentes (em 2023, os números de 2024 ainda não estão disponíveis) propostos pelo **Statista e** pelo **StatCounter**, mesmo que persistam algumas incoerências, como veremos.

1. Google, o motor de pesquisa líder de mercado com 84,69% de quota de mercado

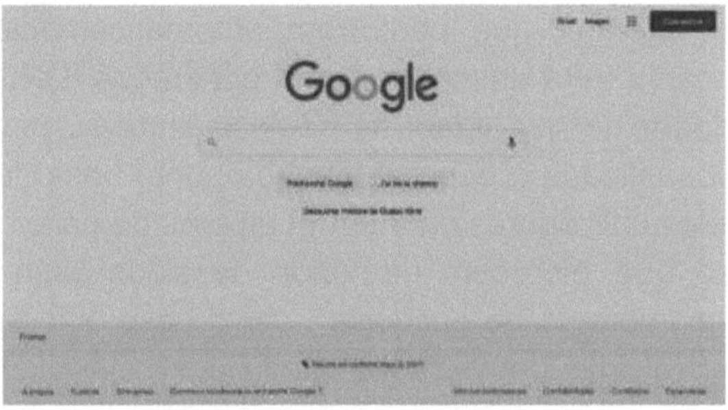

O motor de busca americano Google é o líder incontestado do mercado. Com mais de 80% da quota de mercado mundial em 2024**, a Google detém um monopólio virtual**.

Será que ainda precisamos de apresentar o ogre americano? Facilmente reconhecível pelo seu design elegante e pela sua barra de pesquisa, a empresa é regularmente criticada pela utilização que faz dos dados dos utilizadores, mas continua a ser, de longe, o motor de pesquisa mais utilizado na Internet.

No entanto, a sua facilidade de utilização e a qualidade do seu algoritmo tornam-no imprescindível não só para os seus utilizadores, mas também para todos os profissionais de SEO (Search Engine Optimization), e é difícil encontrar um motor de busca melhor.

2. Bing, o motor de pesquisa da Microsoft

O Bing ou Microsoft Bing é o segundo maior motor de pesquisa. O motor de pesquisa da Microsoft é o concorrente número 1 do Google e está a manter os seus outros rivais à distância graças a uma vantagem competitiva: **o Bing é o motor de pesquisa predefinido nos PCs com Windows**.

O Bing está bastante próximo do Google em termos de funcionalidade, e gostamos muito das fotografias do papel de parede do motor de busca, que o tornam muito mais fácil de utilizar do que os seus concorrentes.

O Bing é claramente subestimado e permanece na sombra do Google, apesar das inúmeras melhorias e novas funcionalidades registadas nos últimos anos. O Bing, por exemplo, está a oferecer cada vez mais ferramentas para profissionais de SEO e publicidade e está um passo à frente na IA graças ao OpenAI e ao ChatGPT.

3. Yahoo, o veterano que está a dar luta

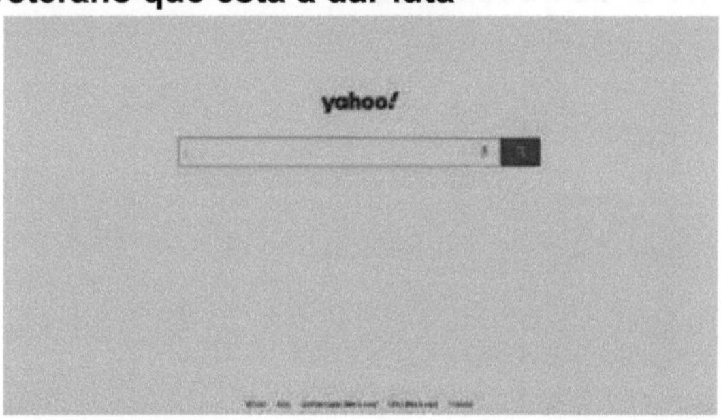

Os mais jovens lembram-se dos dias em que o Yahoo era mais conhecido e utilizado do que o Google. É preciso recuar muito no tempo para recordar, mas o Yahoo foi criado antes do Google e teve o seu momento de glória antes de perder lentamente quota de mercado.

Depois de ter tentado comprar a Google em 2000 e depois a rede social Facebook em 2006, depois de ter estado perto de ser comprada pela Microsoft em 2008 por 47 mil milhões de dólares, foi a Verizon que adquiriu o motor de busca **por "apenas" 4,8 mil milhões de dólares**. Apesar destes altos e baixos, o Yahoo continua a ser o terceiro maior motor de busca da Internet, representando 2,59% das pesquisas globais.

4. Baidu, o motor de busca número 1 da China

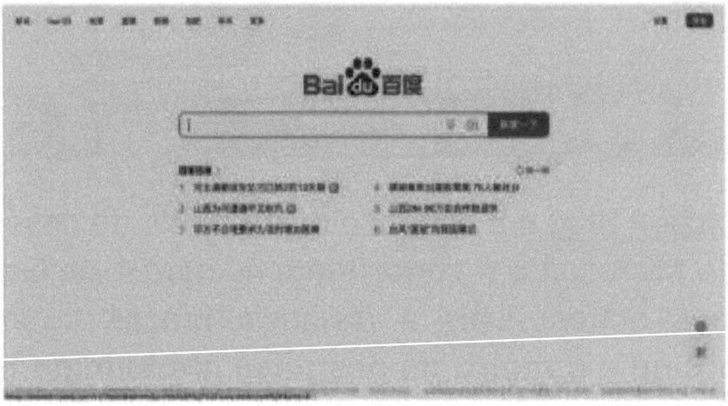

O poder do Google está a preocupar alguns países que o proibiram. É o caso da China, que utiliza o motor de busca Baidu, criado em 2000, em mais de 70%.

A vantagem utilizar um motor de busca da Internet que não seja o Google é é mais fácil censurar certas informações na Web. **Mas isso não impediu o motor de busca chinês de se estabelecer como o quarto maior motor de busca do mundo**, com uma série de funcionalidades adicionais para pesquisas na Internet.

5. Yandex, o motor de busca russo

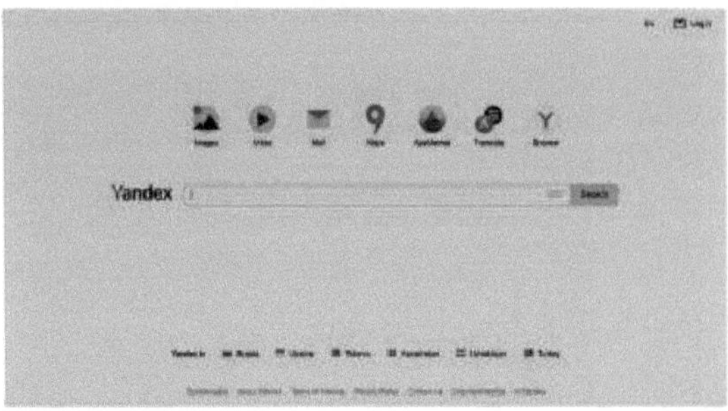

As mesmas causas, as mesmas consequências. Embora o Google não esteja proibido na Rússia, não é o líder de mercado, uma vez que o motor de busca russo Yandex tem mais de 60% da quota de mercado.

Criado antes do Google (em 1997), **o Yandex** é semelhante ao Baidu, **oferecendo funcionalidades semelhantes às do Google**, como a pesquisa de vídeos, a pesquisa de imagens, a tradução e a possibilidade ter um endereço de correio eletrónico.

Verdadeira bomba no mundo dos motores de busca (um mundo pequeno, concordo), o Yandex foi comprado por 5,2 mil milhões de dólares em 2024, num contexto de guerra entre a Rússia e a Ucrânia, explica este excelente artigo da Zone Bourse.

CAPÍTULO X

MENSAGENS ELECTRÓNICAS

X.1.DEFINIÇÃO

***O correio* eletrónico** designa o serviço de transferência de mensagens enviadas por um sistema de mensagens electrónicas *através de* uma rede informática (atualmente a Internet) para a caixa de correio eletrónico de um destinatário escolhido pelo remetente. "Serviço de correspondência que permite troca de mensagens electrónicas através de uma rede informática. ".

O correio eletrónico, contração das palavras **courrier** e **électronique**, designa também a mensagem trocada por este meio, de acordo com a terminologia oficial da língua francesa.

X.2.CRIAR UM ENDEREÇO DE CORREIO ELECTRÓNICO

Primeiro, escolha um tipo de Conta Google

Esta conta será para mim ou para gerir uma empresa

NB: Ao criar uma Conta Google para a sua empresa, pode ativar a personalização para empresas. Uma conta empresarial também facilita a configuração da ficha de empresa do Google, o que ajuda a melhorar a visibilidade da sua empresa e a gerir as suas informações online.

Quando criar uma Conta Google, ser-lhe-ão solicitadas informações pessoais. Ao fornecer informações corretas, está a ajudar a proteger a sua conta e a tornar os nossos serviços mais úteis para si.

Além disso, não é necessário ter uma conta Gmail para criar uma Conta Google. Pode utilizar um endereço de e-mail que não seja o Gmail para criar uma conta.

1. Vá para iniciar sessão na sua Conta Google.
2. Clique em **Criar uma conta**.
3. Introduza o seu nome.
4. No campo "Nome de utilizador", introduzir um nome de utilizador.
5. Introduza a sua palavra-passe e confirme.

NB: Quando introduz a sua palavra-passe móvel, a primeira letra não faz distinção entre maiúsculas e minúsculas.

6. Clique em **Seguinte**.

o Opcional: adicione um número de telefone à sua conta e, em seguida, confirme.

7. Clique em **Seguinte**.

UTILIZAR UM ENDEREÇO DE CORREIO ELECTRÓNICO EXISTENTE

1. iniciar sessão na sua Conta Google.
2. Clique em **Criar uma conta**.

3. Introduza o seu nome.
4. Clique em **Utilizar o meu endereço de correio eletrónico atual**.
5. Introduza o seu endereço de correio eletrónico atual.
6. Clique em **Seguinte**.
7. Valide o seu endereço eletrónico utilizando o código enviado para o seu endereço eletrónico existente.
8. Clique em **Validar**.

X.3.CRIAR UM ENDEREÇO YAHOO

Para **criar um endereço de correio eletrónico yahoo.pt**, aceda à página inicial **do Yahoo** a partir do seu browser.

1. Aceda à página de início de sessão do Yahoo ou escreva o URL login.yahoo.com
2. Clique no botão "Criar uma conta" no canto inferior direito da página
3. Preencher as informações necessárias: nome, apelido, número de telefone, sexo, data de nascimento, etc. As casas marcadas com um asterisco são de preenchimento obrigatório. Escolha um **endereço de correio eletrónico** e uma palavra-passe forte para proteger os seus dados pessoais.

X.4.CRIAR UM ENDEREÇO HOTMAIL

Desde que o Hotmail se transformou no Outlook.com, tornou-se menos fácil criar uma conta. Se já tiver um endereço de Internet *@hotmail.fr*, *@hotmail.com* ou *@msn.com*, será automaticamente redireccionado para endereço login.live.com, ou seja, aquele que conduz à nova versão Outlook da caixa de correio do Hotmail.

Eis alguns passos simples para aceder a este fantástico serviço de correio.

1. Terá de visitar **outlook.com**.
2. A próxima coisa que precisa de fazer é clicar no botão "Criar uma conta gratuita" na parte inferior, que o levará para a página de registo.
3. Quando receber um novo endereço de correio eletrónico, poderá então escolher o seu nome de domínio, ou seja, *@outlook.fr* ou *@hotmail.fr*.

Entrar

4. Terá de introduzir um nome de utilizador e uma palavra-passe, que serão agora utilizados para **aceder ao Hotmail**. A Microsoft perguntar-lhe-á se pretende ou não receber mensagens de correio eletrónico promocionais. Em seguida, o utilizador escolhe se pretende ou não receber mensagens de correio eletrónico promocionais da Microsoft.

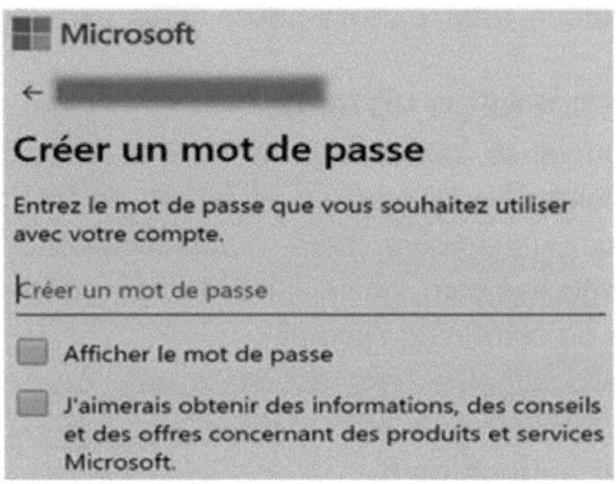

5. A Microsoft pedir-lhe-á então algumas informações importantes, tais como o seu nome, data de nascimento, sexo, número de telefone para o caso de se esquecer da sua palavra-passe, local de residência, etc. Naturalmente, o Hotmail garante a proteção dos seus dados
6. Em seguida, a Microsoft irá provavelmente pedir-lhe que confirme que não é um robô, introduzindo os caracteres que vê.

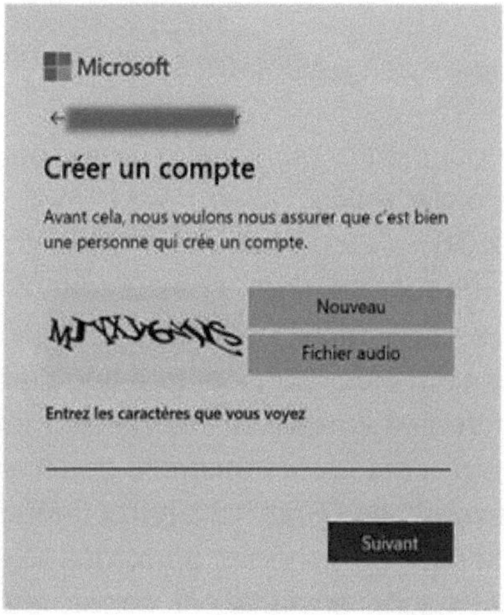

7. Depois de introduzir os seus dados, terá de clicar no seu pedido e confirmá-lo, o que será o último passo para **obter a conta Hotmail**.
8. Clique e confirme. A verificação ser-lhe-á enviada por texto ou e-mail para garantir que **a sua conta Hotmail está criada** e em boas mãos.

CAPÍTULO XI

ANEXOS

XI.1.DEFINIÇÃO

Um anexo é um documento ou ficheiro anexado ao corpo de uma mensagem de correio eletrónico.

XI.2.INDICAR ANEXOS

Quando se envia uma carta com anexos ou elementos anexos, é importante indicá-los claramente para que o destinatário saiba o que esperar e como lidar com eles. Consoante o tipo de carta e o método de entrega, existem diferentes formas de indicar os anexos e os invólucros. Por exemplo, se enviar uma carta comercial por correio ou por estafeta, pode escrever "Anexo(s)" ou "Encl." na parte inferior da carta, seguido uma lista de documentos ou ficheiros anexados. Se estiver a escrever uma carta de apresentação enviada por correio ou por estafeta, pode escrever "Anexo(s)" ou "Encl." na parte inferior da carta, seguido do nome do documento ou ficheiro que está anexado. Em alternativa, se enviar uma mensagem de correio eletrónico ou utilizar uma plataforma em linha, pode escrever "Anexo(s)" ou "Anexo" no final da mensagem, seguido de uma lista dos documentos ou ficheiros anexados. Também pode utilizar a assunto para indicar os anexos; por exemplo, "Assunto: Fatura" #1234 e contrato #5678 (Anexos)".

XI.3.FORMATAÇÃO DE ANEXOS

Ao enviar anexos e caixas com a sua carta, é necessário formatá-los corretamente para que sejam fáceis de identificar, abrir e ler. Utilize um nome de ficheiro claro e descritivo que corresponda ao conteúdo e à finalidade do documento. Escolha um formato de ficheiro comum e compatível, como PDF, DOCX, JPG ou XLSX, a que o destinatário possa aceder sem problemas. Além disso, certifique-se de que o tamanho do ficheiro é razoável e não excede os limites do seu método de entrega ou da caixa de entrada do destinatário. Se tiver ficheiros grandes ou múltiplos, considere a possibilidade de os comprimir num ficheiro ZIP ou de utilizar um serviço de armazenamento na nuvem ou uma plataforma de partilha de ficheiros para os enviar.

XI.4.ACOMPANHAMENTO COM OS DESTINATÁRIOS

Depois de enviar a sua carta com anexos ou caixas, poderá querer fazer um acompanhamento com o seu

Os destinatários devem confirmar que as receberam e examinaram. Isto pode ajudá-lo a evitar mal-entendidos, atrasos ou oportunidades perdidas. Por conseguinte, é importante aguardar um período de tempo razoável antes de efetuar o seguimento - dependendo urgência e da importância da sua carta e dos anexos ou apêndices, este processo pode demorar alguns dias ou uma semana. Além disso, utilize o mesmo método de entrega ou um método semelhante ao da sua carta original. Ao enviar a mensagem de seguimento, se esqueça de ser educado e respeitoso; agradeça ao destinatário o tempo e a atenção dispensados, relembre-lhe o objetivo e o conteúdo da sua carta e dos anexos ou apêndices e pergunte-lhe se tem alguma questão, comentário ou ação a tomar.

XI.5.GERIR AS RESPOSTAS DOS DESTINATÁRIOS

Quando recebe uma resposta do destinatário depois de lhe ter dado seguimento, é importante tratá-la com profissionalismo. Dependendo do tipo e do tom da resposta, pode ser necessário reconhecer e apreciar a resposta, às perguntas ou aos comentários, ou confirmar ou solicitar os passos ou acções seguintes. Por exemplo, se a pessoa concordou ou solicitou as próximas etapas, deve confirmá-las em conformidade. Por outro lado, se tiverem perguntas ou comentários sobre a sua carta e anexos, dê respostas ou explicações claras e precisas. Além disso, agradeça-lhes o interesse, a cooperação ou a aprovação. Deste modo, será possível garantir um resultado positivo.

CAPÍTULO XII

VISÃO GERAL E NOÇÕES BÁSICAS DO MICROSOFT WORD

XII.1. INICIAR O MS WORD

Existem diferentes formas de iniciar o MS Word.

A. COM O MENU INICIAR

A forma mais convencional de iniciar o Word é a partir do menu Iniciar. Clique sucessivamente em

> > > ***Iniciar Todos os programas Microsoft Office Microsoft*** **Word** (ver figura abaixo)

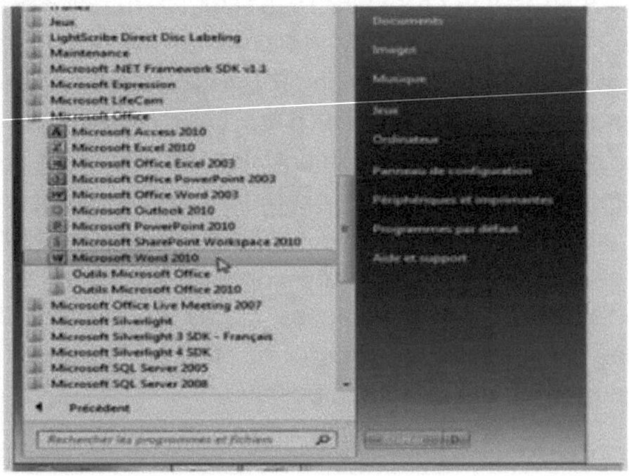

B. A PARTIR DO AMBIENTE DE TRABALHO

Se tiver um ícone do Word no ambiente de trabalho do Windows, pode faça duplo clique sobre ele para abrir a aplicação (ver figura abaixo).

XII.2. DESCRIÇÃO SUMÁRIA DA FITA

Para utilizar corretamente o Word, é importante compreender a sua interface, ou seja, os vários elementos que compõem a janela da aplicação (ver figura abaixo).

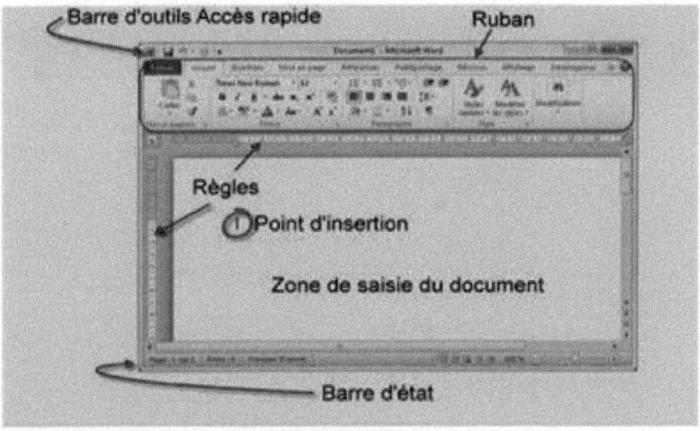

XII.3. CRIAR UM NOVO DOCUMENTO

XII.3.1. NOVO DOCUMENTO WORD

A área de introdução de documentos ocupa a parte central da janela. Uma barra vertical intermitente, designada por "ponto de inserção", indica o local onde aparecerá o carácter seguinte digitado no teclado. Se a área de entrada não for suficientemente grande para mostrar todo o documento, pode utilizar as barras de deslocação verticais e horizontais para se deslocar pelo documento (ver figura abaixo).

XII.3.2. VISUALIZAÇÃO DA REGRA

É possível exibir e ocultar facilmente a régua no Word. O Microsoft Word fornece uma régua que pode ser utilizada para definir separadores num documento.

Para exibir ou ocultar a régua no Microsoft Word, primeiro selecione o separador "**Ver**" na Faixa de Opções. Em seguida, marque ou desmarque a caixa "**Régua**" no grupo "**Mostrar**para ativar ou desativar a apresentação da régua. Assinale a caixa para visualizar a régua. Desmarcar a caixa oculta a régua.

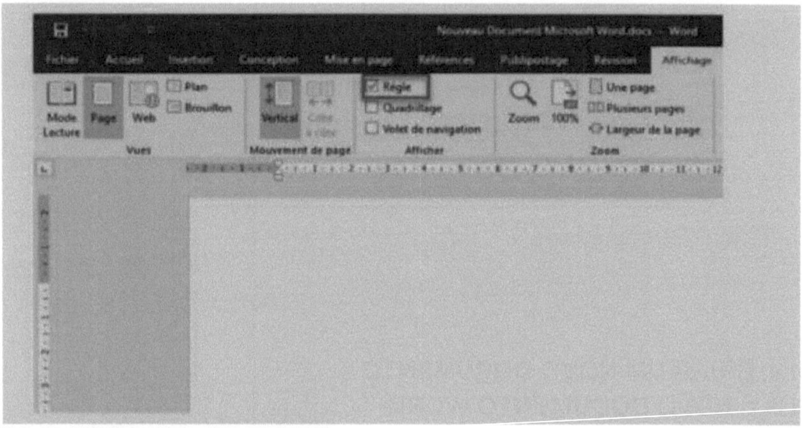

XII.3.3. ENTRADA DE TEXTO

Para introduzir texto, basta escrever o texto pretendido na parte apropriada da janela. Ao contrário de uma máquina de escrever, não precisa de validar no fim da linha, porque a quebra de linha é automática. O Word encarrega-se disso por si. Isto é conhecido como "escrever ao quilómetro". A validação só é efectuada quando se pretende criar um novo parágrafo.

Para criar ou alterar um parágrafo, basta premir a tecla Enter duas vezes. A primeira vez, marca o fim do parágrafo e a segunda vez deixa uma linha em branco entre os dois parágrafos. Um parágrafo pode conter de zero a ... muitos caracteres (um espaço conta como um carácter, o carácter não imprimível que o representa é um pequeno ponto.

XII.4. ABRIR, GUARDAR E FECHAR UM DOCUMENTO

Permite aceder às funções gerais de controlo e regulação do software (guardar um documento, abrir, imprimir, definir opções, etc.). Utilizamos o botão Office para alguns gabinetes e o menu Ficheiro para outros.

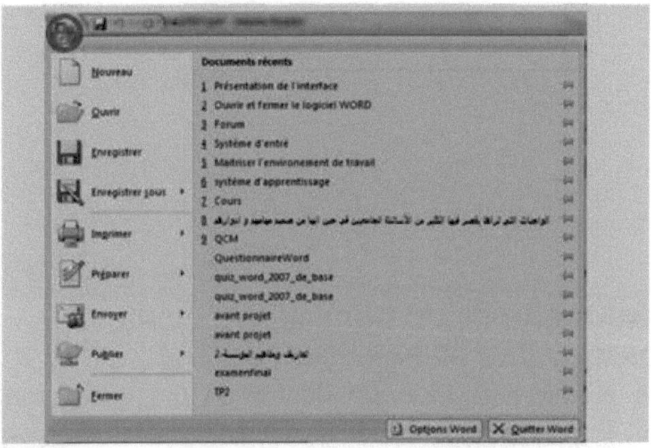

XII.4.1. GUARDAR ALTERAÇÕES NUM DOCUMENTO

Depois de criar um documento, não se esqueça de o guardar, caso contrário arrisca-se a perder todo o seu trabalho.

Para o fazer, clique no **botão Office** (ou no **menu Ficheiro** para alguns escritórios) e, em seguida, no botão **Guardar como.** Pode então escolher o formato de gravação:

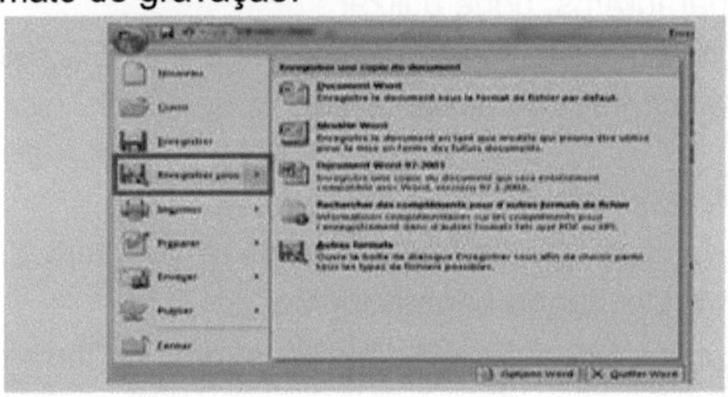

Agora, é necessário escolher o local onde pretende guardar o ficheiro e especificar o nome do ficheiro

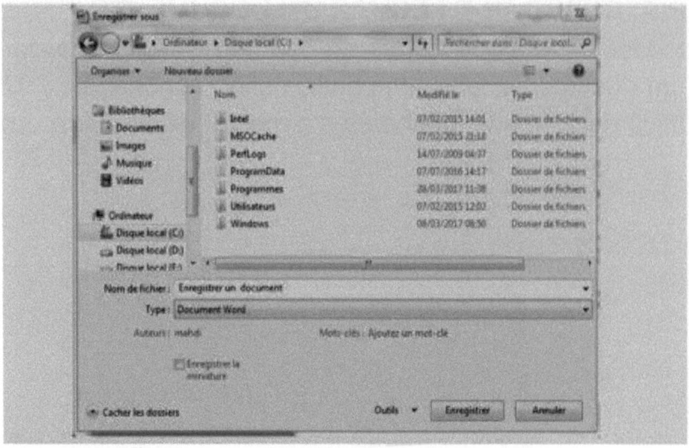

XII.5. FORMATAÇÃO DE UM DOCUMENTO WORD

XII.5.1. FORMATAÇÃO DE PARÁGRAFOS

Assim que premir *a tecla Enter* dentro de um texto, cria um novo parágrafo (vazio, se não contiver caracteres). ¶ ¶ Existem tantos parágrafos quantos os caracteres (exibidos quando o botão "Mostrar tudo" no ícone está ativado).

Para alterar a *formatação* de *um único parágrafo, basta colocar o cursor nesse parágrafo. nesse parágrafo*

Caso contrário, têm de ser selecionados.

Para formatar parágrafos, pode utilizar :

- *Os comandos do grupo Parágrafo*, no separador Página inicial ;
- *A janela "Parágrafo"* que aparece depois de ativar iniciador do grupo Parágrafo ;
- *A barra de ferramentas de mini-formatação* ;
- *A régua horizontal*. Se não for apresentada: assinale a caixa "Régua" no grupo Mostrar/Ocultar no separador Ver.

Ou, mais rapidamente: clique no botão de dica de ferramenta "Regra", situada na parte superior da barra de deslocação vertical.

Retiradas

□ ▽ △ △ Existem 4 tipos de indentação, 3 à esquerda correspondentes aos símbolos e um à direita :.

a) Recuo à esquerda (ou seja, espaço deixado à esquerda, para além da margem)

Existem três tipos de retirada à esquerda:

- □ *Recuo global* (para todas as linhas): clique e arraste o recuo na régua.

O texto está alinhado com a linha vertical a tracejado.

- ▽ *Recuar apenas a 1ª linha de cada parágrafo*: clique e arraste o recuo na régua. Esta formatação é frequentemente utilizada.
- △ *Recuar todas as linhas exceto a primeira linha de cada parágrafo* (ao contrário do caso anterior): clique e arraste o recuo esquerdo na régua.

b) Recuo à direita (ou seja, espaço deixado à direita, para além da margem)

△ Desta vez, utilize a indentação correta na régua.

Se achar que a definição dos recuos com a régua não é suficientemente precisa, utilize a janela 'Parágrafo': clique com o botão direito do rato no texto selecionado > Parágrafo > separador 'Recuo e espaço'. Ou, mais rapidamente, *faça duplo clique num dos 4 símbolos de indentação na régua.*

c) Botões "Diminuir a contração" e "Aumentar a contração

O botão "Diminuir recuo" e o botão "Aumentar recuo" estão localizados no grupo "Parágrafo".

Os valores de indentação dependem da posição dos pontos de tabulação (ver secção 4 abaixo), que são definidos a cada 1,25 cm por defeito.

d) *Espaçamento e espaçamento entre linhas*

A *janela "Parágrafo"* também pode ser utilizada para definir :

- *Espaçamento* preciso *entre parágrafos* selecionados; se escolher um espaço antes e depois, estes serão adicionados.
- *Espaçamento* entre linhas, com o espaçamento entre linhas a definir o espaço *entre linhas.*

e) *Os 4 tipos de alinhamento: esquerda, centro, direita e justificação* estão localizados no grupo Parágrafo, no separador Página inicial

Alinhe com os recuos se existirem, caso contrário, com as margens esquerda e direita. Utilize os 4 botões de alinhamento, **esquerda, centro**, **direita** e **justificar**, localizados no grupo Parágrafo, no separador Página inicial.

O modo "Justificar" estica o texto de travessão em travessão, se não de margem em margem.

f) *Quebra de linha no mesmo parágrafo*

Quando se prime Enter, ocorre uma quebra de linha (o cursor move-se para a linha seguinte) e é criado um novo parágrafo.

Pode fazer uma quebra de linha enquanto permanece no mesmo parágrafo: em vez de digitar Enter, digite Shift + Enter.

↵ ¶ O carácter é então apresentado no fim da linha quando o botão "Mostrar tudo" é ativado.

BIBLIOGRAFIA

- **As obras**

- Guião de apoio à Área de Aprendizagem de Ciências do Currículo, turma do 7º ano do ensino básico, 2018.
- Guillaume PLOUIN, *Cloud computing. Segurança, governação do SI híbrido e panorama do mercado,* 4ª edição, Dunod, Paris, 2016.
- Jacques LONCHAMP, introduction aux systèmes informatiques, Paris, Dunod, 2017.

- **Os sítios Web :**

- https://support.microsoft.com
- https://public.iutenligne.net
- https://www.emaze.com
- https://www.phpeasydata.com

MIX
Papier aus verantwortungsvollen Quellen
Paper from responsible sources
FSC® C105338

Printed by Books on Demand GmbH, Norderstedt / Germany